心の専門家養成講座⑨

永田雅子・野村あすか 編
Masako Nagata & Asuka Nomura

●シリーズ監修
森田美弥子
松本真理子
金井篤子

福祉心理臨床実践
「つながり」の中で「くらし」「いのち」を支える

Professional Psychologist Training Series 9
Practice of Clinical Psychology in
Fostering Human Well-being

ナカニシヤ出版

まえがき

　本書は森田美弥子・松本真理子・金井篤子監修「心の専門家養成講座（全 12 巻）」の第 9 巻にあたり，福祉領域における「心の専門家」を目指す学生のための入門書である。

　福祉領域は，人が生まれてから亡くなるまで，ライフステージのすべてを対象とした領域であり，その支援の内容やアプローチの方法も多岐にわたっている。また，人々の生活と密接しており，医療・保健，教育，産業，司法・矯正など心理臨床実践のすべての領域と深くかかわりあってくる場でもある。この領域における心理職の活動は，児童相談所をはじめとして，かなり古くからおこなわれてきた一方，近年の心の問題の広がりや，関心の高まりとともに，社会のニーズにこたえるかたちで人々が生活する身近な場や多様な場での心理臨床実践が行われるようになってきた。そこで求められる心理職の専門性は幅広く，心理臨床実践が急速に発展を遂げてきている領域でもある。福祉領域は，アウトリーチ型となる代表的な領域であり，自ら心理支援を求めてくる人だけを対象としているわけではない。多職種がそれぞれの専門性を尊重しながら，必要な人に必要な支援をとどけていくものであり，社会制度や法律，社会的資源を十分理解しておくこと，多職種，あるいは他機関と有機的な連携を組んでいくことが求められていく。だからこそ，より心理職の専門性とはなにかということを問われる領域ということができるだろう。

　本書では，国家資格としての心理専門職の養成カリキュラムがスタートした今だからこそ，知っておきたい，福祉領域における心理支援の知識・技法や基本姿勢とともに，福祉領域に欠かすことはできない制度や法律を多く取り上げた。また執筆者は，福祉領域の現場で活動している若手を中心に執筆していただき，多様な心理実践の在り方を紹介していただいている。それぞれの章を独立して読むことも可能だが，できれば，すべての章に目を通していただきたい。福祉領域の多様性やその深まりを実感していただけるものとなっているのではないかと思う。

　本書は，福祉領域における「心の専門家」を目指す学生たちの入門書ではあるが，福祉領域では，一人職場であることが多いこと，心理職に対するニーズや心理支援の必要性が広がってきているとを鑑みて，まだ心理職がその地位を十分に確立できていない職域についても取り上げた。現時点における多様な福祉心理臨床の在り方が示されており，これから福祉に主な活動の場を移されていく方や，他の領域に従事している人にとっても，十分読み応えのある内容のものとなっていると自負をしている。本書が福祉心理臨床の在り方や方向性を検討していくための一つの手がかりとなり，本領域の発展に寄与できれば望外の幸せである。

　本書の完成には，ナカニシヤ出版編集部の宍倉由高編集長と由浅啓吾氏に大変お世話になった。末尾ながら改めてお礼を申し上げたい。

2021 年 4 月　　編者を代表して

永田　雅子

本書で用いる用語について

　本書の執筆にあたっては，心理学を基盤とした「心の専門家」のためのものであることから，心理臨床学研究論文執筆ガイド（日本心理臨床学会学会誌編集委員会編，2012）を参考にしながら，原則として以下のように用語を統一することを心掛けた。

　○医学用語である「診断」「治療（者）」「患者」「症例」などは可能な限り避け，「アセスメント／心理査定／見立て」「面接／援助／支援」「セラピスト／面接者」「クライエント／来談者」「事例」などとした。

　○心の専門家の仕事を包括的には「心理臨床（実践）」とし，技法として「心理療法」，個別の事例場面では「（心理）面接」という言葉を用いた。

　○「養育者」「保護者」「親」については，対象が成人である場合と子どもの場合，さらには学校，福祉，医療といった領域によって異なると考えられたため，それぞれの章の中で統一を図ることとした。

　○なお，文献の引用部分や，面接における発言については，この限りではない。文脈によって異なる場合があることをご了解いただきたい。

目　　次

まえがき　　i

第Ⅰ部　福祉心理臨床の基礎

1　福祉心理学とは・・・・・・・・・・・・・・・・・・・・・・・3

　　はじめに　　3

　　福祉とは　　3

　　社会福祉の背景と基本理念　　4

　　福祉心理学とは　　5

　　福祉心理学の実践における福祉職と心理職のアプローチ　　6

　　おわりに　　7

2　福祉心理臨床とは・・・・・・・・・・・・・・・・・・・・・9

　　福祉領域における心理支援の特徴　　9

　　各分野における心理支援　　12

　　ま と め　　14

第Ⅱ部　福祉心理臨床の場における五つの分野と支援

1　母子福祉の場における支援──子育て支援・・・・・・・・・・17

　　母親と子育てを取り巻く状況　　17

　　子育てと心理支援　　18

　　子育て支援の流れ　　19

　　乳幼児期の支援　　20

2　児童福祉の場における支援──虐待とは・・・・・・・・・・・21

　　子どもの虐待の定義と実態　　21

　　子どもの虐待への対応　　23

　　虐待による子どもへのさまざまな影響　　24

　　児童虐待への心理支援　　26

　　ま と め　　27

3　障害児者福祉の場における支援・・・・・・・・・・・・・・・29

　　はじめに　　29

　　障害とは何か　　29

　　　障害児者にかかわる法制度　　32

　　　障害児者とその家族における心理社会的課題　　35

　　　障害児者福祉における心理支援　　37

4　高齢者福祉の場における支援・・・・・・・・・・・・・・・・・・・・・39

　　　はじめに　　39

　　　超高齢社会の現状　　39

　　　高齢者の医療保健や福祉に関する法律や施策　　39

　　　福祉現場における高齢者の心理社会的課題と支援　　41

　　　福祉現場における高齢者支援に必要な配慮と心理的支援の可能性　　43

5　社会福祉（生活困窮者・自死など）の場における支援・・・・・・・・45

　　　はじめに　　45

　　　自死予防（自殺予防対策）　　45

　　　生活困窮者支援（貧困問題）　　47

　　　その他の社会福祉の場における課題と支援　　49

第Ⅲ部　福祉心理臨床の主な機関と心理支援

1　子育て世代包括支援センター・・・・・・・・・・・・・・・・・・・・53

　　　はじめに　　53

　　　子育て世代包括支援センターとは　　53

　　　子育て世代包括支援センターにおける心理職の役割　　53

　　　心理支援の実際　　55

　　　おわりに　　56

2　保育園・幼稚園・認定こども園・・・・・・・・・・・・・・・・・・・59

　　　はじめに　　59

　　　施設・組織の特徴をふまえた支援の構築　　59

　　　心理支援の形態と具体的支援　　61

　　　心理支援におけるポイント　　63

3　乳児院・・・・・・・・・・・・・・・・・・・・・・・・・・・・・・・65

　　　乳児院とは　　65

　　　乳児院心理職の仕事　　65

　　　乳児院での心理支援の実際　　67

　　　おわりに　　69

4　児童養護施設 ・・・・・・・・・・・・・・・・・・・・・・・・・・71

　　　児童養護施設とは　　71
　　　入所する子どもの特性　　71
　　　児童養護施設における心理職の位置づけ　　72
　　　児童養護施設における心理支援の実際　　73
　　　おわりに　　74

5　児童心理治療施設 ・・・・・・・・・・・・・・・・・・・・・・・77

　　　児童心理治療施設とは　　77
　　　児童心理治療施設の心理職の特徴と役割　　78
　　　児童心理治療施設での心理支援の実際　　80
　　　おわりに　　81

6　児童発達支援センター ・・・・・・・・・・・・・・・・・・・83

　　　早期療育と児童発達支援　　83
　　　自治体構想の早期療育システム──豊田市の場合　　84
　　　発達支援センターの役割と心理職に期待されること　　85
　　　地域支援における今後の展望　　86
　　　おわりに　　87

7　放課後等デイサービス ・・・・・・・・・・・・・・・・・・89

　　　放課後等デイサービスの設立の経緯　　89
　　　放課後等デイサービスとは　　90
　　　本人支援における心理職の役割　　91
　　　地域支援における心理職の役割　　92
　　　保護者支援における心理職の役割　　92
　　　今後の支援に向けて　　93

8　発達障害者支援センター ・・・・・・・・・・・・・・・・95

　　　はじめに　　95
　　　発達障害者支援センターとは　　95
　　　就職後に発達障害と診断された事例　　96
　　　支援が利用されること　　97
　　　心の専門家の仕事　　98

9　児童相談所 ・・・・・・・・・・・・・・・・・・・・・・・・・・99

　　　児童相談所とは　　99
　　　児童相談所の児童心理司の仕事　　101

おわりに　　102

10　市町村・・・・・・・・・・・・・・・・・・・・・・・・・・・105

　　はじめに　　105
　　家庭児童相談室と要保護児童対策地域協議会，市町村子ども家庭総合支援拠点
　　　105
　　市町村における支援の実際　　107
　　市町村における心の専門家の専門性　　109

第Ⅳ部　福祉心理臨床における課題と心理支援

1　子どもの貧困・・・・・・・・・・・・・・・・・・・・・・・113

　　わが国における貧困問題　　113
　　国の動き　　113
　　貧困をみる視点　　114
　　貧困との関わり　　115
　　事　　例　　116
　　おわりに　　117

2　被害者支援・・・・・・・・・・・・・・・・・・・・・・・・119

　　被害者とは　　119
　　犯罪被害の実態　　119
　　犯罪被害者の心理　　119
　　犯罪被害者の支援施策　　121
　　被害からの回復　　121
　　被害者支援における留意点　　123
　　おわりに　　123

3　自死遺族支援・・・・・・・・・・・・・・・・・・・・・・・125

　　はじめに　　125
　　自死遺族に生じる諸問題　　125
　　支援者に求められる基本的な姿勢　　126
　　自死遺族支援の実際　　127
　　おわりに　　129

4　介護・認知症・・・・・・・・・・・・・・・・・・・・・・・131

　　はじめに　　131
　　認知症　　131

介護事業所向けの調査およびそこから考えられる心理職の業務　　132

今後の展望　138

V　福祉心理臨床のこれから

1　福祉心理臨床における心理の専門性とは・・・・・・・・・・・・・・・・141

福祉領域において心理職が果たす役割　　141

福祉心理臨床の各分野を越えて　　143

2　福祉心理臨床における家族支援と多職種連携・・・・・・・・・・・・・・145

はじめに　　145

家族支援　　145

多職種連携　　146

他機関連携　　147

よりよい支援を届けるために──要支援者との連携　　148

事項索引　　149

人名索引　　150

I 福祉心理臨床の基礎

福祉領域とはどういう場で，その中で行う心理臨床とはどのような活動なのであろうか？　ここでは，福祉心理臨床実践の基礎として，まず福祉全体の概要と，その中で心理学が果たしてきた役割，および，心理臨床実践の特徴について取り扱う。

1

福祉心理学とは

◉はじめに

　私たちは，生きていくなかでさまざまな体験をする。楽しく幸せな思いをしたり，充実感を味わったりすることは幾度となくあるだろう。一方で，自分自身または身近な人が，親子・夫婦・家族間の関係の悩みを抱えたり，学校や職場の中でうまくいかなくなったり，思いがけず病気や障害に見舞われたりするなど，予期せぬ困難を抱えることもまったくないとはいえない。一人では解決できないことに直面し，助けが必要となる可能性は誰にでもある。このようなときに私たちの暮らしを支えるのが，福祉である。そして，本書で紹介していくことになる福祉領域における理論や心理支援は，人々の生活に近いところで心理学の知見や技術を活かしながら，人々の生活を豊かにすることを目指すものである。

　本章では，福祉という言葉の意味や成り立ち，福祉の背景としての日本社会の動向や福祉の基本理念について概説する。その上で，福祉心理学とはどのような学問であるのか，その担い手としての福祉職および心理職はどのようなアプローチを重視しているのかについてみていく。

◉福祉とは

　「福祉」という言葉は，今では一般的に用いられているが，実は古くから日本にあった言葉ではない。第二次世界大戦後に日本国憲法の原案が作られた際に，英語の「welfare: well（幸せな）＋ fare（生活）」に相当する日本語がみつからなかったため，「福祉」という漢字2文字を当てはめたのが始まりといわれている。これにより，日本国憲法第13条（幸福追求権）には「すべて国民は，個人として尊重される。生命，自由及び幸福追求に対する国民の権利については，公共の福祉に反しない限り，立法その他の国政の上で，最大の尊重を必要とする」，また第25条（生存権）には「すべて国民は，健康で文化的な最低限度の生活を営む権利を有する。国はすべての生活部面について，社会福祉，社会保障及び公衆衛生の向上及び増進に努めなければならない」と記され，「福祉」や「社会福祉」という言葉が正式に用いられるようになった。以下では，この「福祉」という言葉の意味を改めて整理する。

(1) 広義の「福祉」

　広辞苑によると，「福」には〈さいわい，しあわせ〉という意味があり，「祉」にも〈神の授ける福，めぐみ，さいわい〉という意味がある（新村，1998）。よって，「福祉」とは本来，「しあわせ」を意味するということになる。このように述べると，「福祉」と「幸福」とがほぼ同義

の意味であるように思われるかもしれないが，「幸福」は一人ひとりが感じる幸せを表す。一方で，「福祉」は多くの人々の幸せな暮らしや心のありようを表し，その実現に向けた国の取り組みをも含む。そのため，「福祉」は「公共の福祉」「児童福祉」「障害者福祉」「高齢者福祉」というように使われることがある。

(2) 狭義の「福祉」

　上述のように，広い意味での「福祉」は多くの人々にとっての幸せをさすが，実際上の意味での「福祉」はもう少し限定される。社会の中には，何らかの事情により，一人では幸せな暮らしや心もちに至ることが難しい人たち（社会的弱者）が存在する。そのような人たちの安全・安心な生活を守るためには，政策や制度による支えが必要となる。よって，狭義の「福祉」とは，広い意味での「幸せな生活」を理念としながらも，現実問題として，社会的弱者をはじめとしたすべての構成員に社会制度としての福祉を保障する仕組みとその実践のことをさす（大迫，2018）。

◉社会福祉の背景と基本理念

(1) 社会福祉の背景——日本における社会福祉施策の展開

　国や社会をあげて公共政策としての福祉を推進することは，「社会福祉」と呼ばれる。社会福祉は，その時代の社会の特徴や課題と深く関わるため，それらに応じて法制度を柔軟に変化させていくことが必要となる。わが国の社会福祉は，どのような時代背景のもとで，どのような人たちを対象として発展してきたのだろうか。

　戦後，日本国憲法が制定された頃の社会は，戦災で親を亡くした孤児，夫を失った未亡人，負傷した軍人など，幸せな生活や心のありようとは程遠い人たちで溢れていた。日々の衣食住にも困窮する状況の中で，社会福祉の推進は喫緊の課題とされ，1946（昭和21）年には生活保護法，1947（昭和22）年には児童福祉法，1949（昭和24）年には戦傷病者に対応するための身体障害者福祉法などが制定された。1951（昭和26）年には，社会福祉の全領域に共通する基本事項を定めた社会福祉事業法が制定されている。やがて，日本経済の発展とともに社会福祉施策は広がりをみせ，1960（昭和35）年には精神薄弱者福祉法（のちに知的障害者福祉法），1963（昭和38）年には老人福祉法，1964（昭和39）年には母子福祉法（のちに母子及び父子並びに寡婦福祉法）など，対象者別の法律が制定されていった。また，1958（昭和33）年には国民健康保険法，1959（昭和34）年には国民年金法などが制定され，社会保障制度の充実が図られた。

　その後，1970年代以降の日本社会は景気の低迷に見舞われ，1990年代以降には急速な少子高齢化の問題に直面することにより，1960年代までに作られた社会福祉に関する基本的な法制度の見直しを迫られることになった。そのような流れの中で，1997（平成9）年には介護保険法が制定されるとともに，2000年前後には社会福祉に関する一連の法改正である社会福祉基礎構造改革が行われた。2000（平成12）年には，社会福祉事業法が名称・内容ともに大幅に改正されて社会福祉法となり，わが国の福祉サービスは，行政が行政処分によりサービスの内容を決定する「措置制度」から，利用者が事業者との対等な関係に基づきサービスを選択する「利用制度」に変更されるなど，大きく転換することとなった。

　2000 年以降は，深刻な社会問題として浮上してきた虐待や貧困などに対応するための法律が制定され，国際連合で採択された児童の権利に関する条約（1989 年採択，日本は 1994 年に批准）や障害者の権利に関する条約（2006 年採択，日本は 2014 年に批准）の理念を踏まえた法改正が行われている（詳細は第Ⅰ部 2 章および第Ⅱ部参照）。今後も，社会の特徴や課題に応じた動きがみられることが十分に想定される。

(2) 社会福祉の基本理念——ウェルビーイングとノーマライゼーション

　1）ウェルビーイング（well-being）　　日本における「福祉」という言葉は，上述のように英語の「welfare」を日本語に訳したものであった。しかし，この言葉は，救貧的・慈恵的・恩恵的な保護を中心としたサービスに限定するという意味合いが強い。そのため，近年の福祉においては，「ウェルビーイング（well-being）」により重点が置かれるようになってきている（網野，2010）。ウェルビーイングとしての福祉には，個人の権利をより積極的に尊重し，自己実現を社会的に保障するという意味合いがあり，自立支援の考え方とも関連が深い。

　2）ノーマライゼーション（normalization）　　ノーマライゼーションという言葉の起源は北欧のデンマークにある。1950 年代までのデンマークでは，知的障害児者の多くが収容施設に入所し，地域社会から隔絶された状態で生活することを余儀なくされていた。入所者の親たちは，家族でありながら一緒に暮らせないこと，施設での生活が管理的であること，隔離された状況では人権侵害が起こりやすいことなどに疑念と批判を募らせ，社会省に要望書を提出した。それを受けて，デンマーク社会省のバンク・ミケルセン（Bank-Mikkelsen, N. E.）は，ノーマライゼーションを「障害のある人たちに，障害のない人々と同じ生活条件を作り出すこと」と定義し，この理念を取り入れた法律を制定することで，どのような障害があろうとも人間として当たり前に生きる権利を保障することを目指した。その後，1960 年代にスウェーデンのニーリェ（Nirje, B.）が「ノーマライゼーションの原理」を発表し，ヴォルフェンスベルガー（Worlfensberger, W.）によって北米へと展開された。国際的な取り組みとしては，1971 年に国連で採択された「知的障害者の権利宣言」，1975 年の「障害者の権利宣言」，そして 1981 年に障害者の完全参加と平等をテーマに定められた「国際障害者年」などがあげられる。この頃には，日本においてもノーマライゼーションの理念が徐々に広がりをみせ始めた。

　ノーマライゼーションの理念は，バリアフリーやユニバーサル・デザインといった考え方の基盤となった。また，福祉対象者の脱施設化や，地域包括支援の考え方にもつながるなど，障害者福祉領域にとどまらない重要な理念となっている。さらには，保育・教育分野にも影響を与えており，障害児と健常児の完全な分離教育から，障害があることを前提とした上で健常児の中に統合し，同じ場で教育するというインテグレーション（integration）を経て，障害の有無にかかわらず一人ひとりの教育ニーズに応じた支援を行うというインクルージョン（inclusion）へと発展してきている。

◉福祉心理学とは

　福祉心理学は，福祉に関する問題を心理学的に研究する科学，あるいは福祉を必要とする人々に対して心理学的な技法を使って介入や支援を行っていく学問ということができる。ただ

し，福祉という言葉の捉え方により，福祉心理学も広義の意味と狭義の意味で捉えられる。

(1) 広義の福祉心理学

　先に述べたような広義の「福祉」に基づけば，福祉心理学はより幅広く定義されることになる。宮原・宮原（2006）は，21世紀の福祉心理学は，障害者や高齢者の心理と適応の問題はもちろん，子どもの健やかな育ちにも目を向けるもの，さらには「すべての人たちが健康で健全により幸せに豊かに生きるための心と適応の問題を考えていこうとするもの」であるとしている。また，大迫（2018）は，広い意味での福祉，すなわち「人々のしあわせな心の状態や生活」に重きを置くならば，広義の福祉心理学は，「すべての人におけるしあわせな心の状態を願い，そのような心持ちで生活することを心理学的に解明したり，援助したりする学問」になると述べている。このような立場では，支援の対象となるのは福祉ニーズのある人に限定されない。たとえば，学校での友人関係がうまくいかなくなり登校を渋るようになった児童が，しあわせな心の状態ではないということであれば，心理的支援が必要であり，福祉心理学の対象となる。

(2) 狭義の福祉心理学

　一方で，「社会福祉」という概念に基づけば，福祉の対象者は，児童，障害者，高齢者など，特別な福祉ニーズをもち，支援が必要な人たちということになる。このような人たちには，既存の制度や施策に基づいてさまざまな福祉サービスが提供されることになるが（制度的福祉），個々の対象者の立場にたって個別支援を展開するためには，心理状態や心理的ニーズも含めた対象者の実状を十分に把握することが欠かせない（臨床的福祉）。そのための実践方法は，大きく二つに分けて考えることができる（十島，2004；大迫，2018）。一つは，社会福祉士などの福祉の専門職が，心理学の技術を取り入れながら対象者と関わることである。そしてもう一つは，公認心理師や臨床心理士といった心理の専門職が，社会福祉の領域でその専門性を発揮することである。福祉職と心理職のアプローチの相違については後述するが，狭義の福祉心理学は，福祉対象者に対して支援を行うために心理学を活用していく学問だということができる。その位置づけを図Ⅰ-1-1に示す。

◉福祉心理学の実践における福祉職と心理職のアプローチ

　先に述べたように，福祉心理学の実践を担うのは，主に福祉職と心理職である。両者のアプローチには重なり合う部分も多く，密接な関係がある一方で，相違点も認められる。以下では，

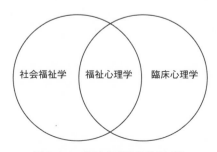

図Ⅰ-1-1　福祉心理学の位置づけ

それぞれの専門職が対象者への支援にあたって重視している点を整理する。

(1) 福祉職による支援

　福祉職が福祉対象者への支援にあたる際には，社会福祉学において培われた技法，すなわち社会福祉援助技術（以下，ソーシャルワーク）を用いる。ソーシャルワークでは，相談援助活動を通して個々の対象者の特徴や実状を把握し，生活の質（Quality of life: QOL）の向上を目指すために，制度で定められた最適な社会資源と結びつけていくことに重点を置く。時には，制度や施策そのものの改善に向けた働きかけを行うこともある。

　社会福祉の場における福祉職の実践は，制度的福祉の発展とともに積み重ねられてきた。そのため，実践の基盤となる理論も比較的早くから確立され，幅広く知られている。代表的な理論として，アメリカのケースワーカーで社会福祉学者でもあるバイスティックが1957年に提唱した「ケースワークの7原則」（Biestek, 1957）が挙げられる。7つの原則とは，①個別化の原則，②意図的な感情表出の原則，③統制された情緒的関与の原則，④受容の原則，⑤非審判的態度の原則，⑥クライエントの自己決定の原則，⑦秘密保持の原則である。

(2) 心理職による支援

　心理職が福祉対象者への支援にあたる際には，基本的には臨床心理学に基づくアプローチを行う。すなわち，心理アセスメントを通して対象者の抱える問題の背景を把握した上で，心理的課題の解消や改善を目指して，対象者に即した心理支援を行っていくことに重点を置く。もちろん，支援の過程で心理職が社会資源について考慮することも大切になるが，実際に社会資源へのつなぎが必要であると考えられるときには福祉職との連携を視野に入れる。

　社会福祉の場において心理支援を展開するためには，伝統的な臨床心理学にとどまらないアプローチが必要となる。伝統的な臨床心理学における援助が面接室など現実世界から離れた場で行われることに対し，福祉領域における心理支援は対象者の生活の場に出向いて，もしくは対象者と生活を共にする中で行われることが多い。また，従来の臨床心理学が重視してきた対象者本人への直接支援のみならず，対象者の生活を支える職員に対してコンサルテーションという形で間接支援を行い，生活場面全体の支援の質を高めることも求められる。さらには，状況に応じて対象者を支える家族や地域とかかわることや，対象者と関係する医療，教育，司法，産業領域の専門家と幅広く連携することも重要となってくる。

　福祉領域における心理臨床の歴史は，児童相談所や各種更生相談所における心理判定や，情緒障害児短期治療施設（のちの児童心理治療施設）における心理療法的アプローチに始まる。一方で，心理職が多様な社会福祉の場に参画するようになってきたのは比較的最近のことであり，理論や技法の整理は今なお不十分であるともいわれている（大迫，2018）。

●おわりに

　福祉心理学は，2018年度から始まった公認心理師養成課程における指定科目の一つに位置づけられた。今後，時代や社会の動向と相まって，その重要性はますます認識されていくことと考えられる。これまで福祉領域において行われてきた心理臨床実践を福祉心理学の観点から捉え直し，理論や技法の独自性をより一層明らかにしていくことが求められる。

引用文献

網野武博 (2010). 制度的福祉への福祉心理学の貢献　福祉心理学研究, **6**, 6-9.

Biestek, F. P. (1957). *The Casework Relationship*. Chicago: Loyola University Press. (田代不二男・村越芳男 (訳) (1965). ケースワークの原則―よりよき援助を与えるために　誠信書房)

宮原和子・宮原英種 (2006). 福祉心理学を愉しむ　第2版　ナカニシヤ出版

大迫秀樹 (2018). 社会福祉の展開と心理支援　野島一彦・繁枡算男 (監修) 中島健一 (編) 公認心理師の基礎と実践 17 福祉心理学　遠見書房　pp.11-22.

新村　出 (編) (1998). 広辞苑 第5版　岩波書店

十島雍蔵 (編) (2004). 福祉心理臨床学　ナカニシヤ出版

2

福祉心理臨床とは

◉福祉領域における心理支援の特徴

（1）福祉における心理支援

　日本では，少子高齢化が急速に進んでおり，2017年時点で，日本の高齢化率（高齢人口の総人口に対する割合）は27.3%，50年後の2060年には39.9%となると見込まれている。一方，合計特殊出生率（一人の女性が15歳から49歳までに産む子どもの数の平均）は，1975年以降，低下傾向が続き，2005年には過去最低である1.26まで落ち込んできている。そうした状況の中，高齢になっても健康で過ごせる環境づくりや少子化対策として，子育て支援の充実や男女の働き方改革の進展等が求められるようになってきた。一世代前の人々が暮らしていた時代と，現在は取り巻く状況が大きく変化してきており，新たなニーズが生まれてきている。つまり人のライフステージにそった支援の体制を新たに構築することが求められるようになっている。

　医療や教育の場合，ある機関にかかるのは一時期のみとなる。たとえば医療であれば，疾患の治療や疾患の予防を目的として受診するだろうし，教育であれば幼稚園，小学校，中学校，高校，大学と，年齢に応じてかかわる教育機関は変わっていく。しかし福祉領域の場合，生まれてから，亡くなるまでのその人の一生がかかわってくる領域であり，その人が生活する場での支援となってくる。つまり，福祉領域は，一時期のみの支援ではなく，長期的な視野に立ち，医療や教育，また司法や産業など，その人がかかわるすべての領域と連携をとりながら包括的な支援を行っていく場となっていく（図Ⅰ-2-1，図Ⅰ-2-2）。

　では，福祉領域ではどういったことに焦点をあてて心理支援を行っていかなければならないのだろうか。福祉領域での心理支援を考えていく上で大事なことは，その人が生活をしていく場でのアセスメントを包括的に行うこと，また，今，ここで必要な支援はなにかを検討した上

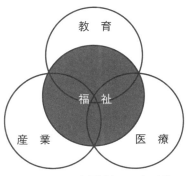

図Ⅰ-2-1　各領域とのつながり

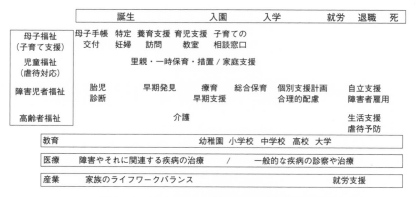

図Ⅰ-2-2　ライフステージにおける各領域の課題とかかわり

で心理支援を行っていくことである。つまり，福祉領域の場合，その人が暮らしている地域や，住宅環境，経済的な状況，親戚を含めた家族の状況を知ることで，まず生活の基盤，社会経済的な状況をアセスメントすること，その人の置かれている状況の背景に生物学的・身体的な要因が影響を与えていないか，医学的な治療の必要性のアセスメントを行うこと，その人が生まれてきて今に至るまでの生育歴をおさえた上で，現在置かれている状況を加味し，心理学的な側面からアセスメントを行い，そのすべてを統合した形で，包括的なアセスメントを行っていくことが求められる。つまり，その人が暮らしている状況の中でどういった支援が今優先をされるのか，その人を取り巻く環境の中でどういった資源を使うことが可能なのかを踏まえて，心理職としての支援の方針を決めていくことになっていく。

　どういう場合であっても，福祉領域において大事なことは，その人の全体像を捉えることであり，複合的な理解を土台にして，支援をしていくことにある。福祉領域は支援を要する人の日常生活に一番近い領域であり，日常に近い中で，構造をしっかりと守ることができない状況の中で，心理支援を行っていかなければならないことも少なくない。心理職としての専門性を発揮するために，何を優先していかなければならないのか，そのために何をどう整えていくべきなのかを考え，心理職の仕事や役割について他の職種に理解をしてもらうことも必要となってくる。それぞれが働く機関の中で，心理職として何が求められており，心理職としてできること，できないことを意識することも大事なことになってくるだろう。他の職種が担うこと，心理職として担うべきことをきちんと判断していくことも重要となってくる。その際，その地域で活用できる資源や，福祉にかかわる法律を十分理解し，知っておくこと，また精神疾患や，生活に支障をきたしやすい疾患の医学的知識を把握しておき，医療機関の受診が必要かどうかの判断をすることができる力をつけておくことは，心理職として自分を守ることにもつながっていく。一方で，心理職の立場で，福祉制度を説明したり，医学的な診断について話をしたりすることは，あまり望まれることではない。福祉制度の専門家は，社会福祉士や，行政の担当者であり，医療の専門家は，医師であり看護職であり，心理職ではない。心理学的なアセスメントをきちんと伝えた上で，必要なタイミングで，必要な支援につながるように橋渡しをしていくこと，他の職種や機関につながりにくいのであればその背景にどんな心理的要因が影響しているのかを検討し，そのことを踏まえた上で後押しや調整をしていくことが望まれるだろう。つまり，福祉領域においては本人と本人を支える家族にさまざまな領域や職種が重なり合うように関わり合っており，その中でその人の生活全体をみすえた支援を行っていくこととなってくる（図Ⅰ-2-3）。

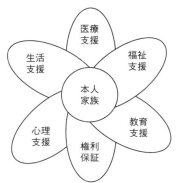

図Ⅰ-2-3　本人・家族支援の重なり（引きこもりの評価・支援に関するガイドライン，2010 の図を一部改変）

（2）福祉領域における心理職の役割

　福祉領域における心理支援は，人々の生活している場で心理学の知見や技術を活かしながら，人々の生活を豊かにすることを目指すものである。これまでの心理支援は，問題意識を抱えたクライエントが，心理職が働く場に支援を求めてきてから始まっていくことが多かった。そのため，時間や場など，外的な枠や構造をはっきりさせた上で，何を扱っていくのか契約し心理療法を行っていくことが一般的であったが，福祉領域の場合は，アウトリーチ型となることが少なくない。その人が何らかの問題意識をいだいていたり，自分からは心理支援をまだ求めていたりはしていない段階で，周囲が必要と判断して心理職につながってきたり，心理職がいろいろな形でかかわらざるをえないことも起こってくる。もしかしたら，自分では解決できないことに直面した人と出会った時，心理職として，なにかをしてあげなければ，援助しなければという思いが刺激されることもあるかもしれない。一方，心理職ができることは限られており，要支援者の生活の基盤や，身体的な安定がある程度保たれていてはじめて，その人自身の心を扱うことができることも少なくない。自分の立場や力量でできること，できないことを自覚して活動をするとともに，他職種・他機関との連携が不可欠となる。

　たとえば社会経済的な問題が背景にある場合，現在利用することのできる福祉制度を把握し，行政機関等につないでいくことが必要となってくるだろう。また，その人の身体・生物学的な側面，つまり，身体的な要因や，医学的な疾患が背景にある可能性があったり，生物医学的アプローチが必要と判断されたりする場合は，必要に応じて医療機関や専門機関につなげ，治療や訓練，援助を継続してうけられるような体制を検討していく必要があるだろう。また，心理支援が必要と判断される場合であっても，どういった段階の心理支援が必要なのかを判断し，自分が置かれた場で，何をどう提供することができるのかを考えることが必要となってくる。心理支援は，心理職だけが行っているものではなく，一次的にかかわる他の職種が，日常的なケアの中で心理的支援を行っていることも少なくない。一方，他の職種は，心理学を土台とした心理支援の訓練を受けているわけではない。他の職種が行う一次的な心理的支援を，コンサルテーションやスーパーヴィジョンを通して支えていくバックアップ機能を担っていくことも心理職の一つの役割となってくる。また，心理職が専門的な立場から直接かかわり，予防的な支援や心理教育など，心理支援を行っていくこともあれば，より積極的な心理的介入が必要で，狭義の心理療法の対象として，より構造化された枠組みの中で心理支援を行っていく場合もあるだろう。心理職が福祉領域の中で働く場や，置かれた立場により，求められることや，可能

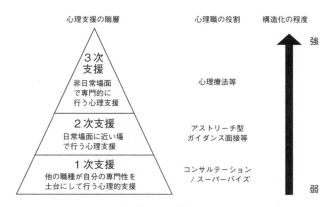

図Ⅰ-2-4　1次支援・2次支援・3次支援の階層

な心理支援は異なるものとなっていく。どの次元の心理支援を行っていくことがよいのかを判断し，その段階や状況に応じた心理支援のあり方を検討し行っていくことが必要である。

◉各分野における心理支援

　福祉領域は，私たちが社会で生活していく上で生まれ，育ち，歳をとり，寿命を迎えるそのライフステージごとにかかわっていくものとなる。その人自身だけでなく，その人の生活する場や，関わる人を含めてそこでなにが起こっているのかを正確に見極めていかなくてはならない。そのためには，社会制度や法律を含めた社会の状況を十分に把握しておくことも必要となってくる。多機関，多職種がかかわる領域でもあり，それぞれの専門性や役割を意識しながら支援のための方針を検討していくことが重要となってくる。ここでは，福祉領域の分野を母子福祉，児童福祉，障害者福祉，高齢者福祉，社会福祉として捉え，これらを取り巻く社会状況を踏まえた支援を概観していく。

(1)　母子福祉における支援

　母子福祉の臨床は，親が子どもを妊娠した時から始まる。親自身が心身共に健康で安全な生活が送れるように支援をすることは，生まれてくる子どもの心身の健康や安全にもつながってくるものになる。これまでの母子福祉の制度では，母子家庭を対象として，母子自立支援サービスの窓口における相談支援，母子生活支援施設における心身と生活の安定を目指した相談援助などが行われてきたが，現在では，子どもの福祉と連動した形での支援の枠組みが作られるようになってきており，母親だけにとどまらず，家族の妊娠・出産・子育てのプロセスをいかに支えていくのかについて重点が置かれるようになってきている。

(2)　児童福祉における支援

　この20年の間に子どもの権利に対する考え方が大きな変化を遂げてきており，児童の権利に関する条約が1994年に批准されてから国内の法整備が進んできた。2000（平成12）年に児童虐待防止法が成立し，2016（平成28）年の児童福祉法の改正で子どもが権利の主体として位置づけられた。また，2019（令和元）年には児童虐待防止法の改正で子どもへの体罰が禁止されるなど対応が進んできているが，2018年度中に，全国の児童相談所が児童虐待相談として対

応した件数は 15 万 9,850 件と増加をし続けている。虐待の背景には，子育て不安や子育ての戸惑いが隠されていることがあり，育児困難を抱える可能性がある家族に，早期に支援を届けていくシステムの構築が急務となってきている。

(3) 障害者福祉における支援

　日本においては 2011（平成 23）年に改正された障害者基本法において，障害者は「身体障害，知的障害又は精神障害（以下「障害」と総称する。）があるため，継続的に日常生活又は社会生活に相当な制限を受ける者」として定義された。これまで長く，障害があるかないかという二律背反的な考え方で捉えられてきたが，現在は，本人がもっている何らかの特性が影響して，日常生活を適応的に送る上で困難さが認められる場合として捉えられ，障害者総合支援法を含む一連の法整備が進められてきた。

　また 2016（平成 28）年からは，障害者差別解消法（障害を理由とする差別の解消に関する法律）が施行され，福祉や教育領域だけではなく産業領域においても障害の特性に合わせた合理的配慮を行うことが義務づけられるようになった。つまり，さまざまな場の中でその人がもっている特性が適応の困難さにつながらないような配慮をしていくことが求められてきている。

(4) 高齢者福祉における支援

　日本では，少子高齢化が急速に進んでいる。高齢となっても元気で社会的に活躍される人が増えている一方，認知症など一人での生活が難しくなってきた高齢者の介護の問題がクローズアップされるようになってきている。また，児童虐待だけではなく高齢者虐待も問題となってきており，2005（平成 17）年に高齢者虐待防止法（高齢者に対する虐待の防止，高齢者の養護者に対する支援等に関する法律）が制定され，経済的虐待を含めた高齢者に対する虐待への対応も求められるようになってきた。高齢者自身だけでなく，その家族を含めた支援をどうしていくのかということが課題となってきている。

(5) 社会福祉・その他における支援

　配偶者からの暴力に関わる通報，相談，保護，自立支援等について定めた DV 防止法（配偶者からの暴力の防止及び被害者の保護に関する法律）が 2001（平成 13）年に制定され，改正により生活の本拠を共にする交際相手からの暴力もその対象として含まれることになった。また子どもの前で DV を行うことは，児童虐待防止法の改正により心理的虐待として位置づけられ，子どもの福祉の観点からも対応が求められている。また母子家庭や父子家庭など単親家庭は，子どもの貧困につながることが報告されている。2018 年の子どもの相対的貧困率は 13.5％であること（厚生労働省）が報告されており，国際的にも高い水準にある。こうした状況をふまえ，2013（平成 25）年に子どもの貧困対策の推進に関する法律が成立し，子どもの権利を保証し，市町村に対策を立てることを求められるようになった。

　また 2006（平成 18）年に自殺対策基本法が制定され，2009 年から自死の人数は減少傾向にある一方，10 代の自殺は，死亡原因の一位で，2019 年においても増加傾向にある。また社会的参加を回避し，原則的には 6 ヵ月以上家庭にとどまり続けている「ひきこもり」で中高年となった人は，2018 年度の内閣府の調査で推計 61 万人いることが報告されている。自死やひきこもりは，いじめや家族関係の問題などが引き金になる場合がある一方，精神障害の症状が背景

表 I -2-1　福祉領域における法律・制度

年	子ども関連	障害者関連	高齢者関連	その他
1947	児童福祉法			
1949		身体障害者福祉法		
1960		障害者雇用促進法／知的障害者福祉法		
1963	母子福祉法（1964）		老人福祉法	
1970		心身障害者対策基本法		
1973			老人医療費支給制度	
1993		障害者基本法改正（精神障害者含む）		
1994	子ども権利条約批准			
1995		精神保健福祉法		
2000	児童虐待防止法		介護保険法施行	犯罪被害者保護二法
2001	健やか親子21			DV 防止法
2003	次世代育成支援対策推進法	支援費制度の導入		
2004		障害者基本法改正（障害者差別の禁止）		犯罪被害者基本法
		発達障害者支援法		
2005		障害者自立支援法	介護保険法改正（地域包括ケア）	犯罪被害者等基本計画
2006			高齢者虐待防止法	自殺対策基本法
2011		障害者基本法改正（社会モデル・合理的配慮）		
		障害者虐待防止法		
2012		児童福祉法改正（障害サービス一元化）		自殺総合対策大綱見直し
2013	子どもの貧困対策推進法	障害者総合支援法		生活困窮者自立支援法
		障害者雇用促進法改正（障害者差別禁止）		
2014		障害者権利条約批准		DV 防止法（交際相手含む）
2015	健やか親子21（第2次）		認知症施策推進総合戦略（新オレンジプラン）	
2016	児童福祉法改正（子どもの人権擁護）	障害者差別解消法施行		
	母子保健法改正（子育て世代包括支援センターなど）	発達障害者基本法改正（早期支援・教育上の配慮）		
2018	母子及び父子並びに寡婦福祉法改正	障害者雇用促進法改正（精神障害者含む）		生活困窮者自立支援法改正
2019	児童虐待防止法改正（親の体罰禁止・児相の介入強化）			

※法律改正の内容を（）内に示す

にあることも多い。また生活困窮者の中には，一定数，福祉制度の支援を受けていない障害者が含まれていることが指摘されているなど，社会福祉の分野では，障害者・児童・高齢者の各分野での困難さが複雑に絡み合っていることが少なくない。

●まとめ

　福祉心理臨床の場は，人がこの世に生をうけてから亡くなるまでのライフステージすべてに関わり，母子，子ども，障害児者，高齢者，その他の社会福祉の分野それぞれがお互いに重なりあいながら，複雑に関連している。私たちは，心理の専門職として目の前の人が置かれている状況を踏まえ，長期的，複合的な視点で理解し，支援をしていかなければならないだろう。何よりも，相手に対する尊厳を忘れず，目の前の要支援者に真摯に向き合うことが求められる領域であるといえる。

引用文献

厚生労働省（2010）．引きこもりの評価・支援のガイドライン〈https://www.mhlw.go.jp/file/06-Seisakujouhou-12000000-Shakaiengokyoku-Shakai/0000147789.pdf〉（2020 年 12 月 10 日確認）

II 福祉心理臨床の場における五つの分野と支援

　社会の変化とともに，福祉を取り巻く状況や制度等も変わってきている。母子福祉，児童福祉，障害児者福祉，高齢者福祉，その他の社会福祉におけるそれぞれの課題と支援の在り方について概説をした。

1

母子福祉の場における支援
——子育て支援

◉母親と子育てを取り巻く状況

　かつては，子どもは二人以上の複数いるのが当たり前で，地域の中で，同年代の子どもや，その子どもを育てる親同士，お互いが支え合いながら子育てが行われていた。一方で高度成長期以降少子化が進み，一人っ子の家庭も増えてきている。子どもの数が減り，周囲に子どもの姿をみかけにくくなってきた現代では，子どもを妊娠・出産してはじめて子どもを抱っこしたり，ケアをしたりしたという人も少なくなく，また核家族化が進み，自分が育った地域から離れて一人で子育てをせざるをえない状況も増えてきている。そのため，これまで地域の中で，世代をこえて子育ての伝承やサポートが機能していた時代から，社会全体として，子どもと，子どもを育てていく家族を支えていくシステムを構築していくことが必要になってきている。

　厚生労働省は，2013年に，「妊娠期からの切れ目のない支援」を提唱し（図Ⅱ-1-1），各自治体で，「子育て世代包括支援センター」の整備をするようにガイドラインを公表した。これまでそれぞれの機関が，子どもの年齢や状況に応じて行っていた支援から，妊娠・出産・子育ての一連のプロセスを一貫してさまざまな領域の専門家が連携しながら支援をしていくようなシステムが整えられるようになってきている。

　その流れの中で，すべての赤ちゃんと家族に支援を届ける1次支援，要支援の家庭に届ける2次支援，虐待等ハイリスク家庭に対して積極的に介入を行っていく3次支援を包括的に行うようなシステムが整えられつつある。本来であればすべての人に支援を届けることが必要な一

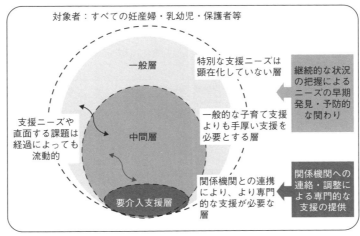

図Ⅱ-1-1　子育て支援における支援の階層 (厚生労働省，2017)

方で，限られた資源を必要な人に届けるためにスクリーニングが導入され，アセスメントの上で支援が行われるようになってきた。

●子育てと心理支援

　子育ては，何千年，何万年と続いてきている人類の自然な営みであり，だれもが直面しうる課題である。一方で，子育てを取り巻く状況は時代によって変化をしてきており，子育てに求められるものも変わってきている。一人の親が多くの子どもを出産し，成人するまでに何人か亡くなっていた一方，地域全体で子育てをしていくことが余儀なくされていた時代から，子どもが亡くなることがほとんどなくなり，少ない子どもを，核家族の単位で養育するといった社会になってきた。こうした変化は，ここ数世代の中で起こってきたことであり，社会の制度や価値観自体がそうした子育ての状況に十分追いついていない状態が続いている。子育てを一手に母親が引き受けなくてはならない状況は変わっておらず，どの親も試行錯誤しながら，不安を抱えて子育てをしている。一方，子育ては当たり前で，自然な営みであると捉えられており，子育てにおいて，専門家が支援の手を差し伸べることは，自分が子育てを十分やれていない，親として失格であるかのようにみられているのではないかという思いを刺激してしまうことも少なくない。子育ての支援をきちんと届けるためには，子育ては社会で行うものであり，その支援は誰でも当たり前にうけることができるという前提が必要となる。子育てに困難さを抱える可能性が高いと思われる家族であればあるほど，その方に特別な支援をするという形をとるのではなく，他の方にも届けている当たり前の支援の一つとして届け，あなたと子どもが，家族としてよりよく生活をしていけるように支援をするということを前提に届けていくことが，

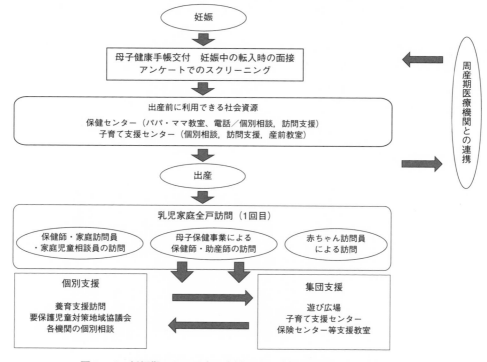

図Ⅱ-1-2　妊娠期からの子育て支援の流れ（市町村でのシステム例）

必要なアプローチとなっていく。

　特に出産してから支援を届けることは，目の前にいる子どもの子育てを評価されているかのように感じさせてしまうこともあり，抵抗を感じさせやすい。そのため，子どもが生まれる前から，支援を届け，気にかけていること，生まれたらサポートをしていくことを伝えていくことは，支援の抵抗を和らげ，支援をつないでいくことに有効に働いていく。現在では妊娠中からの切れ目のない支援の必要性が指摘されるようになり，産科医療機関での健診や保健センターの母子手帳交付時などを利用した支援の体制が整えられるようになってきた（図Ⅱ-1-2）。

◉子育て支援の流れ

　子どもを妊娠すると，産科クリニックあるいは助産院等を定期的に受診し，胎児と母体の健康状態について定期的なチェック（妊婦健診）が行われていく。これまでは，赤ちゃんを胎内に宿している母親に焦点が当てられ，身体的なケアを中心に健診等が行われてきたが，妊娠期からの支援の必要性が明らかになってきたことから，2017 年に日本産科婦人科学会／日本産婦人科医会が出した診療ガイドラインの産科編で，妊婦の精神的問題に目を向けた項目が加わったこと，2017 年度から厚生労働省の通知により，出産後 2 週間および 1 ヵ月の産婦健診で産後うつ病のスクリーニング尺度（EPDS: Edinburgh Postnatal Depression Scale）を実施することでの助成が始まるなど，出産前後の母親のメンタルヘルスに焦点が当てられるようになってきた。また，自治体によっては子育て世代包括支援センターの設置が進み，母子手帳交付時にアンケートと面接が行われ，必要な支援につなげていくようになってきた。また精神疾患を抱える妊産婦について，医療機関と地域の連携会議に加算が付くようになるなど，関係機関が連携をすることで，支援をつなぎ，妊娠期からの切れ目のない支援の体制が少しずつ整えられるようになってきている。

　また 2016（平成 28）年の児童福祉法および母子保健法の改正により，子育て世代包括支援センターを地域で整備していくことが求められるとともに，産後ケア事業や養育支援訪問の導入など新しい支援のシステムが整えられてきている。特に EPDS は，産科医療機関や保健センターで活用されるようになってきている。EPDS は，10 項目と項目数も少なく，カットオフ値が定められているため，支援が必要な人を拾い上げることが可能とされている。また点数をつけた項目をひとつずつ聞き取りすることは，自分の中の不安などを誰かに受け止めてもらう体験となり，次の支援につなげる契機となっていく。専門家による支援だけではなく，気にかけている存在が身近にいるなど心理社会的な支援が有効であり，産後うつ病が疑われる母親に対して，地域の中での見守りにつなげていくことが推奨されている。また，産褥期だけではなく，子育ての時期でもうつ状態を呈する親は少なくなく，特に発達障害等が疑われるなど育てにくいとされている子どもの母親の抑うつは強い（永田・佐野，2013）。子育て支援の枠組みの中では，親としてどう機能できているかというところに着目されやすいところがあるが，親自身のメンタルヘルスが良好に保たれているのかどうかにも注意を向けていく必要があるだろう。また，最近では，親から子どもへの情緒的きずな“ボンディング”にも注目をされるようになっている。産後うつ病と子どもへの愛着は必ずしも一致しないということがわかっており，母親の精神状態，子どもとの関わり，母子を取り巻く状況を把握することで，必要な支援につなげていっている自治体も増えてきている。

　こうしたスクリーニング検査は，多くは助産師や保健師が実施し，心理職には点数が高いあるいは，気になる母としてつながってくることが多いのが現状だろう。一方で，気になる母親すべてに心理職が直接支援をしなくてはならないかといえばそうではない。保健師や助産師，保育士などの一次的な関わりが母親の不安を和らげ，子どもとの関わりを支えることができることも少なくない。他の職種が母親とその赤ちゃんを安心して支えていくことができるように，スクリーニングの結果や，他の専門職からみた母子の様子を確認し，心理職としての見立てを伝え，関わりのアドバイスを行うことで，親と子を取り巻く場自体をささえていくことも心理職としての大事な役割となっていく。

●乳幼児期の支援

　1歳を過ぎてくると子どもも一言二言話せるようになったり，歩けるようになったりし，その中で発達の心配が養育者側により意識されやすくなっていく。日本は，乳幼児の健康診査（健診）システムが整えられており，3-4ヵ月，1歳半，3歳という発達のマイルストーンの年齢で地域の保健センターで無料の健診が行われている。健診の場では身体発達だけでなく，ことばや社会性の発達，親子関係など多面的にアセスメントが行われ，親の相談に乗るとともに，次の支援機関につなげていく役割を担っている。この健診システムは，全国的にも90％以上の受診率を保っており，保健師だけではなく，医師や，心理職などさまざまな職種が協働して行われている。そこでは，受付から，身体測定，保健師による面談，医師による診察といった個別での健診だけではなく，集団場面を設定し，お子さんの様子や親子の関わりも含めて，アセスメントが行われていくことになっていく。多くの自治体では，個別の相談の場として心理相談の場が設けられており，健診時の状況により，発達や育児で心配とされた子どもとその親が相談の場につながってくるが，相談室の中だけでなく，健診の場に出向き，受付から健診が終わるまでの一連の流れの中で，子ども行動観察や，親子の関わりを幅広く捉えること，事前に保健師からもこれまでの経過の報告をうけた上で，個別相談に対応していくことが望ましいだろう。健診の場は1回きりの出会いの場となることが多く，1回で正確なアセスメントや支援の方針を出していく必要がある。その場で簡易的な発達検査を実施したり，発達障害のスクリーニング等を活用しながら，健診全体の中で心理的アセスメントを行い，親に子どもの状態や関わり方についてガイダンス面接を行っていく必要がある。健診後はカンファレンスが行われていることが多く，医師，保健師，保育士を含めた多職種で，各職種のアセスメント結果を含めた情報を共有し，全体としての支援の方針が決められていく。積極的な子育ての支援が必要な場合は，子育て支援を主に担う機関へ，子どもの発達に支援が必要だと判断された場合は，障害児者支援を担う機関へ，虐待等，専門的な介入が必要と判断された場合は，児童相談所等の専門機関との連携が行われ，対応が行われていくことになる。

引用文献
厚生労働省（2017）．子育て世代包括支援センター業務ガイドライン〈https://www.mhlw.go.jp/file/06-Seisaku jouhou-11900000-Koyoukintoujidoukateikyoku/kosodatesedaigaidorain.pdf〉（2020年9月24日確認）
永田雅子・佐野さやか（2013）．自閉症スペクトラム障害が疑われる2歳児の母親の精神的健康と育児ストレスの検討　小児の精神と神経，**53**（3），203–209．

2

児童福祉の場における支援
——虐待とは

◉子どもの虐待の定義と実態

（1）子どもの虐待の定義

　子どもの虐待をめぐる痛ましい事件が相次いで起きている。2018年の目黒区の虐待死事件，2019年の野田市での虐待死事件などは記憶に新しいだろう。虐待に至る前の予防的対応の取り組みや，虐待の疑いがある場合の早期発見，保護者への対応，関係機関同士の連携の問題，さらに子どもが保護されたあとの親子の支援についてなども含め，課題は山積している。

　平成12（2000）年に制定された「児童虐待の防止等に関する法律」（児童虐待防止法）の第1条には「児童虐待が児童の人権を著しく侵害し，その心身の成長及び人格の形成に重大な影響を与えるとともに，我が国における将来の世代の育成にも懸念を及ぼすことにかんがみ」児童虐待防止に関するさまざまな施策を促進し，「児童の権利利益の擁護に資することを目的とする」と記されている。第2条には虐待の定義が示されている。「この法律において「児童虐待」とは，保護者（親権を行う者，未成年後見人その他の者で，児童を現に監護するものをいう）がその監護する児童（18歳に満たない者）について行う次に掲げる行為をいう」として，身体的虐待，性的虐待，ネグレクト，心理的虐待があげられている。これまでに法律の改正が

表Ⅱ-2-1　児童虐待の行為類型（日本子ども家庭総合研究所編，2014より一部抜粋して筆者作成）

身体的虐待 （第1号）	・外傷としては打撲傷，あざ（内出血），骨折，頭部外傷，刺傷，タバコによるやけど，など。 ・生命に危険のある暴行とは，首を絞める，殴る，蹴る，投げ落とす，熱湯をかける，布団蒸しにする，溺れさせる，など。 ・意図的に子どもを病気にさせる，など。
性的虐待 （第2号）	・子どもへの性交，性的暴力，性的行為の強要・教唆など。 ・性器や性交を見せる。 ・ポルノグラフィーの被写体などに子どもを強要する。
ネグレクト （第3号）	・子どもの健康・安全への配慮を怠っているなど。例えば，（1）重大な病気になっても病院に連れて行かない，（2）乳幼児を家に残したまま外出する，など。 ・子どもの意思に反して学校等へ登校させない。 ・子どもにとって必要な情緒的欲求に応えていない（愛情遮断など）。 ・食事，衣服，住居などが極端に不適切で，健康状態を損なうほどの無関心・怠慢など。 ・子どもを遺棄，置き去りにする。 ・同居人などが1，2，4号の行為をしているにもかかわらず放置すること。
心理的虐待 （第4号）	・ことばによる脅かし，脅迫など。 ・子どもの自尊心を傷つけるような言動など。 ・他のきょうだいとは著しく差別的な扱いをする。 ・配偶者や他の家族に対する暴力や暴言（面前DVなど） ・子どものきょうだいに1～4号の行為を行う，など。

何度か行われており，保護者以外の同居人による「虐待と同様の行為」があった際にそれを放置することも，保護者としての監護を怠ることとされ，ネグレクトに含まれるようになった。また，児童が同居する家庭における配偶者等に対する暴力（いわゆる面前 DV）も，心理的虐待に含まれるようになった。暴力を目撃することは，子どもに恐怖を与え，心の発達によくない影響を及ぼすと考えられるからである。これらの法改正によって，虐待の定義が従来よりも広がったといえる。児童虐待の具体的な行為類型を表Ⅱ-2-1 に示す。

(2) 児童虐待の実態

　子どもの虐待件数はどのくらいあるのだろうか。その実態をすべて把握することは難しいが，厚生労働省（2019）のデータによると，平成 30（2018）年度中に全国 212 か所の児童相談所で行った児童虐待相談対応件数は 15 万 9,850 件であった。平成 20 年度以降の児童相談所での虐待相談対応件数の推移を図Ⅱ-2-1 に示す。平成 30 年度の件数は，過去最多となっている。これは，虐待そのものが増えているということもあるかもしれないが，虐待に対する社会の認識が変化していること，少しでも相談しやすい体制を作るべく関係機関が取り組んできていることなども関連しているのではないかと考えられる。

　虐待相談の内容別にみると，平成 30 年度は，心理的虐待の割合（55.3％）がもっとも多く，次いで身体的虐待（25.2％），ネグレクト（18.4％），性的虐待（1.15％）であった。平成 25（2013）年から，きょうだいへの虐待も心理的虐待とみなされるようになり，この年から心理的虐待の割合が身体的虐待の割合よりも多くなっている。心理的虐待に関する相談対応件数の多さについて，相談件数が大幅に増えた都道府県からの聞き取りでは，いわゆる面前 DV の警察からの通告が増加したためであると示されている。平成 30 年度に児童相談所に寄せられた虐待相談の相談経路は，警察等（50％），近隣知人（13％），家族（7％），学校（7％）等の順であり，警察からの通告が多くの割合を占めているといえる。

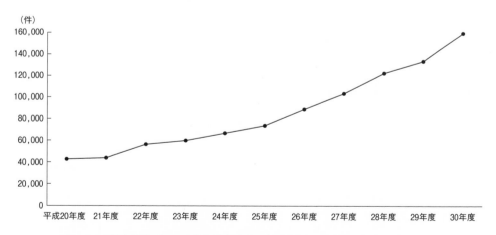

図Ⅱ-2-1　児童相談所での虐待相談対応数の推移（厚生労働省のデータから筆者作成）

●子どもの虐待への対応

(1) 虐待防止と早期発見

　児童虐待防止法第6条では，虐待が疑われる場合の通告の義務（児童福祉法第25条と同様）が示されている。これは広く国民一般に課せられているものである。しかし実際には，一般市民は虐待の確証がないと通報しにくいと考えられる。虐待をしてしまう保護者が自分から援助を求めてくることは少ないと考えられ，地域から孤立している家庭ほど，虐待がみつけられにくいといえる。児童虐待防止法第5条では，学校，児童福祉施設，病院など，児童と職務上関わる機関等の職員に対し，「児童虐待を発見しやすい立場にあることを自覚し，児童虐待の早期発見に務めなければならない」と記されている。親子または子どもに関わる立場にある者が，子どもの様子を気にかけ，よく観察しておくことが虐待の早期発見に役立つといえるだろう。

　子どもの虐待の背景にある親側を主とするリスク要因としては，親の精神的疾患，親自身の生育歴とも関連する世代間連鎖の問題等があげられる。家庭の状況要因としては，配偶者への暴力（DV）や夫婦関係の問題，離婚や未婚を含むひとり親家庭で援助者がない場合，経済的困窮等があげられる。子どもの側の要因として，もともとの気質や発達の問題を背景とする育てにくさなどがあげられる。これらの要因が複合的に重なると，虐待リスクが高くなると考えられる。実際に児童福祉施設に入所している子どもに関する調査（坪井，2008）によると，対象となった169人のうち，何らかの被虐待体験のある子どもは117人（69.2%）であった。虐待内容では，ネグレクトが約7割ともっとも多く，次いで身体的虐待であった。施設入所の理由としては，もっとも多いのが「親の離婚（による欠養護）」，次いで「経済的理由」であった。入所理由には複数の回答があり，実際にはいくつかの要因が重複していることが示されている。

　平成27（2005）年度から始まった「健やか親子21（第2次）」の重点課題の一つに，「妊娠期からの児童虐待防止対策」が掲げられている。より手厚い支援が必要な親子へのアプローチとしては，養育支援訪問事業がある。妊娠・出産・育児期に養育支援を必要とする家庭に対して，訪問により助言等を実施することで，個々の家庭の抱える養育上の諸問題の軽減を図ることを目的としている。子ども虐待防止の観点からも，このような切れ目のない支援の取り組みは重要である。特に周囲とのつながりの少ない家庭に対しては，母子保健や子育て支援の施策と連動して，アウトリーチ型の支援が求められる。

(2) 児童相談所での対応

　児童相談所では，児童虐待の通報があった場合，その家庭の様子を確認し，保護者と連絡を取って，虐待の有無・程度を確認し，家庭にそのまま在宅していてよいのか，親子分離が必要なのかを判断し，対応を検討していく。保護者によっては家庭訪問を拒否する場合や，子どもに会わせない場合もある。児童相談所の権限が強化され，立入調査に加え，臨検（現場に入ること），捜索ができることになっている。

　虐待対応の適切な判断をするためには，専門的な情報収集と評価（アセスメント）が必要となる。児童相談所では，虐待のリスク度判定のために客観的尺度（リスクアセスメント基準）に照らし合わせて，緊急介入や緊急保護の要否の判断を行う。児童福祉司による社会的診断，児童心理司による心理診断，医師による医学的診断が行われ，子どもを一時保護した場合は，保護所職員による行動診断なども含めて総合的に判断し，包括的アセスメントを行う。特に児

童心理司は，子どもとの面接や心理検査などから，知的発達，情緒面・行動面の特徴，心的外傷の状況，親子関係や集団生活での適応について把握するようなアセスメントを行う。子ども本人の意向を確認しておくことも重要である。これらの専門的見地を元に会議によって援助方針を検討していくことになるのである。

　児童相談所により，親子分離が必要であると判断された場合，子どもは，児童福祉法第27条1項3号により，児童福祉施設（乳児院，児童養護施設，児童自立支援施設，児童心理治療施設など）に入所するか，ファミリーホームや里親への委託となる。このうち，児童養護施設は，平成31（2019）年3月31日現在，全国に605施設あり，おおむね2歳から18歳の約3万3千人の子どもたちが入所している。平成11（2000）年度からは，虐待を受けた子どもが10人以上入所している施設に心理職が配置されるようになった。心理職の常勤化は徐々に進んできているが，すべての施設に常勤の心理職が配置されているわけではないため，虐待を受けて入所する子どもの心のケアについては，まだ課題が多いといえる。

●虐待による子どもへのさまざまな影響

　虐待は子どもの心と体に大きな影響を及ぼす。適切な養育がされなかったことによる身体的成長の遅れだけでなく，知的発達，言語発達などにも影響があるといわれている。近年では，虐待による脳の発達への影響に関する研究もある。主な問題について以下に述べる。

(1) 心的外傷の問題

　虐待による心理的・精神的な影響のひとつとして，心的外傷の問題，PTSD（Post Traumatic Stress Disorder: 心的外傷後ストレス障害）があげられる。DSM-5（American Psychiatric Association, 2013）によるPTSDの診断基準によると，（虐待などの）心的外傷となる体験による侵入症状，回避，認知と気分の陰性の変化，覚醒度と反応性の著しい変化が主な症状とされている。子どもの場合，外傷特異的な「再現される遊び」としてみられることがあると述べられている。たとえば，バットで殴られるという虐待を受けてきた子どもが，保護された後に，人形を棒で叩くという遊びをしていたケースがある。「侵入症状」の例では，トラウマとなる体験がよみがえる（フラッシュバック）ことがあり，虐待を受けた状況と似た光景，何らかの音や匂い，なにげない言葉などがその引き金になるようである。子どもの場合は怖い夢を見ることもある。「覚醒度と反応性の著しい変化」の例として子どもの場合は「落ち着きのなさ」として示されることもある。虐待は，1回だけのトラウマ体験ではなく，繰り返し継続的に行われている場合が多いため，トラウマによる影響も複雑に絡み合ってくる。そのため，心のケアにもかなりの時間を要する。虐待を受けた子どもが示す症状や状態を丁寧に見極めつつ，慎重に心のケアにあたる必要がある。

(2) 愛着の問題

　子どもは本来信頼できる養育者との間で愛情の絆（愛着）を形成していく。しかし，虐待等があると，養育者との間の愛着の形成が阻害されるといわれている。虐待等の理由により児童福祉施設に入ってくる子どもたちの中には，人にあまり関心がないようにみえる子や，「無差別の愛着」とでもいえるかのように，誰にでも寄っていく子どもがいる。DSM-5（American

Psychiatric Association, 2013）によると，前者は反応性アタッチメント障害／反応性愛着障害といわれるタイプ，後者は脱抑制型対人交流障害といわれるタイプと考えられる。いずれにしても，特定の人との適切な愛着が形成されていないことがうかがわれ，人との関係性に難しさがあることを感じさせる。このような愛着の問題は，その後の対人関係のもち方にも影響を及ぼすと考えられている。

(3) 脳科学からの知見

　友田（2020）によると，反応性愛着障害の子どもは，報酬の感受性に関わる脳の「腹側線条体」の働きが弱く，高報酬課題でも脳が活性化しないという。これは意欲の低さに関係すると考えられる。腹側線条体の発達の阻害は生後 1 〜 2 歳にピークがあることが示されている。反応性愛着障害児の左半球第 1 視覚野の容積減少も指摘されている。これは過度の不安や恐怖，心身症状，抑うつなどと関連しており，5 〜 6 歳の時に受けたマルトリートメント（不適切な養育）の経験がもっとも影響を及ぼしていると述べられている。

　児童虐待経験者の脳画像の研究（友田，2020）からも知見が得られている。小児期に性的虐待を受けた若年成人女性の MRI 画像では，視覚野の容積減少が示され，過度の体罰を受けた若年成人群では，右前頭前野（感情や理性に関連）の容積減少が認められた。親から日常的に暴言を受けてきた若年成人群では，聴覚野の容積が増加し，発達に異常がみられている。このように虐待が脳の発達に影響を及ぼすことが明らかになってきているが，友田は子どもの脳の可塑性にも言及し，虐待のタイプや受けた時期によって影響が異なることを踏まえて，子どもの特徴にあわせた介入の重要性を指摘している。

(4) 虐待を受けた子どもの調査から

　虐待を受けた子どもの特徴について，児童福祉施設の職員からみた「子どもの情緒と行動のチェックリスト」（CBCL: Child Behavior Checklist; 井潤ら，2001）を用いた調査（坪井，2005）によると，被虐待経験のない子どもに比べて，虐待を受けた子どもは「非行的行動」や「攻撃的行動」の得点が高いことが示されている。被虐待経験のある子どもは「社会性の問題」や「注意の問題」でも臨床的なケアが必要な割合（陽性率）が高いと指摘されている（図Ⅱ-2-2）。虐待種別での検討からは，身体的な暴力を受けていないネグレクトされた子どもにおいて

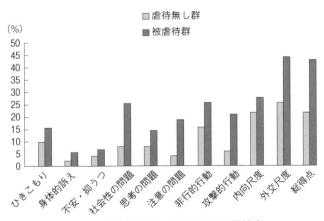

図Ⅱ-2-2　被虐待有群・無群の CBCL 陽性率

も，攻撃的行動や非行などの外向的問題の高さが示されたことは注目すべきだと述べられている。

　施設に入所している子どもたちは，学力面でも課題を抱えている場合がある。柴田ら（2018）の調査によると，児童養護施設に入所している小学生の22.0%，中学生の20.0%が，特別支援（特別支援学校，特別支援学級，通級等）を受けていることが示されている。

　これらの問題を抱える子どもたちは，周囲から注意されたり叱られたりすることも多いと考えられ，それに伴って自尊感情の低下や，対人関係の難しさを招くともいえるだろう。子どもと関わる際には，一人ひとりの特徴を丁寧にアセスメントし，その子どもに応じた心理的な支援や生活上のケアを組み立てていく必要がある。そこで，次に虐待を受けた子どもへの心理支援について述べることとする。

●児童虐待への心理支援

（1）安心・安全な生活環境の保障

　家庭で虐待継続の恐れがある場合，子どもは施設入所となることが多い。虐待のある環境では，子どもはなかなか安心感がもてないであろう。衣食住の心配をしなくてよい生活が保障され，理不尽な暴力にさらされないということが前提であり，その保障がなくては心理的な支援も機能しないといえる。日本の社会的養護の基本理念では，「子どもの最善の利益」と「社会全体で子どもを育むこと」があげられている。在宅のままの支援でも，施設入所の場合でも基本は同じである。児童福祉施設では，環境療法という考え方がある。子どもたちの安心・安全を基盤に，生活全体を通して心のケアを行うというものである。その前提の上で，必要に応じて個別の心理療法や心理支援が行われる。

（2）心理支援

　子どもへの心理支援は，在宅の場合，児童相談所が中心となって行うことが多い。施設に入所している場合は児童相談所に通う場合と施設内で心理支援が行われる場合がある。施設内でのカウンセリングやプレイセラピーの事例（坪井，2004など），認知行動療法を用いた事例（高橋，2011など），その他さまざまな取り組みがあげられる。前提となる安心・安全な生活の安定を基盤とし，セラピスト（カウンセラー）との関わりを通して，他者との基本的信頼関係の構築を行う。その上で，それぞれの子どもが抱えるテーマに取り組むといえる。被虐待児は自分を尊重された体験が少ない。自分を大切にしてもらう経験の積み重ねがあって，はじめて自分の意志を表現することができ，相手の気持ちを尊重することにもつながると考えられる。あくまでも子どもの主体性を大切にしながら心理療法が行われる。

　さらに児童相談所や，児童福祉施設では，個別の心理療法の他に心理教育的なアプローチが行われているところもある。セカンドステップを用いた暴力への対応（鈴木ら，2008など）や，ライフストーリーワーク（高田，2015）による生い立ちの整理など，さまざまな工夫がされている。学校や家庭での適応の問題への対応，家族の再統合はどのように行われるのか，といった現実の生活を見据えた段階での支援も必要である。虐待を受けた子どもの心のケア，心理支援は，生活場面も含めた包括的支援が重要であるといえる。

◉まとめ

　本章では児童福祉のなかでも，特に子どもの虐待を巡る諸問題について述べてきた。虐待を受けた子どもの心のケアは最重要課題ではあるが，それだけでなく，虐待防止の取り組み，早期発見，早期介入，虐待的な環境から保護されたあとの子どもの生活保障，一旦分離された親子の再統合の問題等々，課題は山積している。さらに，虐待対応にあたる児童相談所職員の人手不足，オーバーワークなどの問題も挙げられている。

　そもそも虐待自体が起きないようにしていくにはどうしたらよいのだろうか。子どもの虐待を防ぐためには，虐待する親を非難するだけでは解決しない。虐待してしまう親自身も何らかの課題を抱えていると考えられるからである。さまざまな事情によって援助を必要とする親子や家族に対して，早期から支援の手をさしのべられるような施策やシステム作りが工夫されてきているものの，まだ十分に活用できているとはいいがたい。子育てに困難を抱える保護者や家族に対して，もっと「社会全体で子どもを育てる」という視点からの支援が必要であるといえるだろう。

　平成28（2016）年の児童福祉法改正により，子どもが権利の主体であることが，今まで以上に強調されるようになった。それを受けて平成29（2017）年8月に「新しい社会的養育ビジョン」がとりまとめられた。そこでは，実親による養育が困難であれば，里親や特別養子縁組などで養育されるようにするという「家庭養育優先」の理念のもとに，具体的な里親委託率などの数値目標も示されている。虐待を受けた子どもたちの代替養育の場となる児童福祉施設（乳児院・児童養護施設等）では，小規模化，地域分散化，高機能化が求められている。そのような状況の中，児童福祉の現場で働くものにとって，一番大切なことは，子どもたちの健やかな成長に寄与することである。忘れてならないのは，さまざまなことを丸ごと抱える生活環境において，子どもたち一人ひとりを大切にしていくということである。心理職として「子どもの最善の利益」のために何ができるのかを常に考えながら，支援にあたりたいと思う。

引用文献

American Psychiatric Association（2013）．*Diagnostic and statistical manual of mental disorders*（5th ed.）.Washington, DC: American Psychiatric Publishing.（日本精神神経学会（日本語版用語監修）高橋三郎・大野　裕（監訳）（2014）．DSM-5—精神疾患の診断・統計マニュアル　医学書院）

新たな社会的養育の在り方に関する検討会（2017）．新しい社会的養育ビジョン〈https://www.mhlw.go.jp/file/05-Shingikai-11901000-Koyoukintoujidoukateikyoku-Soumuka/0000173888.pdf〉（2020年10月20日確認）

井潤知美・上林靖子・中田洋二郎・北　道子・藤井浩子・倉本英彦・根岸敬矩・手塚光喜・岡田愛香・名取宏美（2001）．Child Behavior Checklist/4-18 日本語版の開発　小児の精神と神経, **41**(4), 243-252.

児童福祉法（2019）．児童福祉六法（平成31年版）　中央法規出版社

児童虐待の防止等に関する法律（2019）．児童福祉六法（平成31年版）　中央法規出版社

厚生労働省（2019）．平成30年度児童相談所での児童虐待相談対応件数（速報値）〈https://www.mhlw.go.jp/content/11901000/000533886.pdf〉（2020年1月6日確認）

日本子ども家庭総合研究所（編）（2014）．子ども虐待対応の手引き—平成25年8月厚生労働省の改正通知　有斐閣

柴田一匡・坪井裕子・三後美紀・米澤由実子・森田美弥子（2018）．児童養護施設における学習と進路の問題とその支援に関する実態調査　子どもの虐待とネグレクト, **20**(2), 227-237.

鈴木豊茂・中谷美和・佐藤朋子・堤　裕史・岡山修久・川崎奈緒（2008）．セカンドステップを用いた生活指導への取り組み　心理治療と治療教育—全国情緒障害児短期治療施設研究紀要, **19**, 116-120.

高田紗英子（2015）．児童養護施設におけるライフストーリーワークの実践　カウンセリング研究, **48**(2), 105-113.

高橋慶多（2011）．認知行動療法モデルに基づく指導事例—「振り返りシート」の活用　心理治療と治療教育—全国情

緒障害児短期治療施設研究紀要, **22**, 72–75.

友田明美（2020）．不適切な生育環境に関する脳科学研究　日本ペインクリニック学会誌, **27**(1), 1-7.

坪井裕子（2004）．ネグレクトされた女児のプレイセラピー―ネグレクト状況の再現と育て直し　心理臨床学研究, **22**(1), 12–22.

坪井裕子（2005）．Child Behavior Checklist/4-18（CBCL）による被虐待児の行動と情緒の特徴―児童養護施設における調査の検討　教育心理学研究, **53**, 110–121.

坪井裕子（2008）．ネグレクト児の臨床像とプレイセラピー　風間書房

3

障害児者福祉の場における支援

●はじめに

　福祉の現場において，心理職が障害児者やその家族に関わることは非常に多い。妊娠期の母親，新生児の親，障害やその疑いのある子ども，成人，さらには高齢者まで年齢層も幅広い。

　本章では，障害の定義や捉え方，障害児者にかかわる法制度を概観した上で，ライフステージにおいて障害児者とその家族が抱える課題を整理する。そして，障害児者への支援において心理職がこれまでに果たしてきた役割と，今後求められる役割について考えていく。

●障害とは何か

(1) 障害の定義

　「障害がある」とは，どのようなことをいうのだろうか。障害者基本法第2条によると，障害者は以下のように定義されている。

　　一　障害者　身体障害，知的障害，精神障害（発達障害を含む。）その他の心身の機能の障
　　　　害（以下「障害」と総称する。）がある者であって，障害及び社会的障壁により継続的
　　　　に日常生活又は社会生活に相当な制限を受ける状態にあるものをいう。
　　二　社会的障壁　障害がある者にとって日常生活又は社会生活を営む上で障壁となるよう
　　　　な社会における事物，制度，慣行，観念その他一切のものをいう。

　この定義のように，障害者は，本人の障害のみならず社会的障壁によって，日常生活や社会生活に相当な制限を受ける「状態」にある者として捉えられている。これは，後述する障害の捉え方のモデルに影響を受けているところも大きい。

　なお，障害児に関しては，児童福祉法第4条で以下のように定義されている。

　　二　この法律で，障害児とは，身体に障害のある児童，知的障害のある児童，精神に障害
　　　　のある児童（発達障害者支援法（平成16年法律第167号）第2条第2項に規定する発
　　　　達障害児を含む。）又は治療方法が確立していない疾病その他の特殊の疾病であって
　　　　障害者の日常生活及び社会生活を総合的に支援するための法律（平成17年法律第123
　　　　号）第4条第1項の政令で定めるものによる障害の程度が同項の厚生労働大臣が定め
　　　　る程度である児童をいう。

　児童福祉法における障害児の定義では，「身体に障害のある」「精神に障害のある」というように，「〜のある」という表現が用いられている。これは，障害者手帳や医学的診断がなくても早期に療育などの福祉的支援が受けられるように配慮されているためである（光真坊，2015）。診断は，子どもの状態を正しく理解し，将来的な見通しをもって関係者と協働して子育てをする上で大切な役割を果たす。一方で，乳幼児の発達は個人差が大きく多様であるため，診断の確定には時間がかかることが多い。また，保護者が子どもの障害特性に気づいていながら医療機関への受診をためらい，診断が遅れることもある。これらの状況を踏まえて，障害児の定義は，診断の確定よりも早期の支援を重視したものとなっている。

(2) 障害を捉えるモデル

　近年，障害概念の捉え方は大きく変化しており，心理職も含めてあらゆる障害にかかわる専門家の職務に影響を与えている。以下ではその変遷について概観する。

　1980年に世界保健機関（WHO）は，障害を共通した捉え方として示すために，国際障害分類（International Classification of Impairment, Disabilities, and Handicaps: ICIDH）を発表した。ICIDHでは，障害（疾病・変調）を，「機能障害」「能力障害」「社会的不利」の三つの側面から捉えている。たとえば脳性麻痺のある人の場合，下肢の筋力が弱いために（機能障害），歩行が難しく（能力障害），外出の機会が制限される（社会的不利）。ICIDHは，それまで定義の曖昧であった「障害」を多次元的に捉え，特に社会的不利という概念を導入した点が画期的であった。

　現在，障害の捉え方のモデルとして主流になっているのは，2001年にWHOがICIDHの改訂版として発表した国際生活機能分類（International Classification of Functioning, Disability and Health: ICF）である（図II-3-1）。ICFでは，人の障害を中心とした分類から広く生活機能を含めた分類へと変更がなされた。生活機能は，個人の身体系の生理・心理的機能としての「心身機能・身体構造」，課題や行為を個人が一人でできる程度としての「活動」，社会的なかかわりとしての「参加」の3つの次元から捉えられている。そして，それらは「健康状態」や，背景因子としての「個人因子」および「環境因子」と双方向的に影響し合う。健康状態には，障害のみならず，妊娠，高齢，ストレスなど人生に影響するすべてのものがあてはまる。また，個人因子には，年齢，性別，ライフスタイルや価値観等が含まれ，環境因子には，人的環境因子（個人を取り巻く人々），物的環境因子（車椅子や薬など），環境的環境因子（坂道，階段，音環境，自然環境など），社会的環境因子（法律，制度，人々の偏見など）が含まれる。

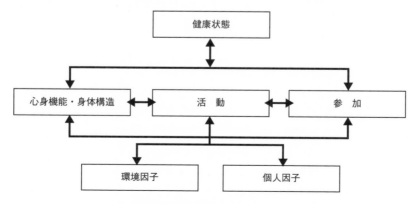

図II-3-1　国際生活機能分類（障害者福祉研究会，2002）

　前身の ICIDH は，障害は個人の問題であり，病気や外傷等から直接生じるという「医学モデル」の考えに立っていた。一方で，1970 年代より，障害は主として社会によって作られるという「社会モデル」が広がりをみせ始めた。ICF は，この両者の考え方を統合し，人の身体とその周囲の環境，さらにそれを形成している社会との相互関係により障害を捉えているため「相互作用モデル」とも呼ばれる。先にあげた脳性麻痺の人の場合，車椅子の使用やリハビリテーション（環境因子），本人の明るく前向きな性格（個人因子）などにより，活動の幅が広がり社会参加の機会も増えることが考えられる。さらに，自らの存在を社会に発信することで，法制度の改善や周囲の人たちの意識の変容など，環境の側が変化する可能性も見込まれる。

(3) 障害の種類

1) 身体障害　1949（昭和 24）年に制定された身体障害者福祉法によると，身体障害は，①視覚障害，②聴覚または平衡機能の障害，③音声機能，言語機能または咀嚼機能の障害，④肢体不自由，⑤心臓・腎臓・呼吸器・膀胱・直腸・小腸・ヒト免疫不全ウイルスによる免疫・肝臓機能の障害（まとめて内部障害ともいう）の五つに分けられる。これに対して，制度上の身体障害者とは，都道府県知事（政令指定都市，中核市または都道府県から発行権限が移譲された市町村の場合はその市町村）から身体障害者手帳の交付を受けた 18 歳以上の者のことをさす。手帳の申請には，都道府県知事の指定する医師の診断書が必要となる。それぞれの障害の程度は，もっとも重い 1 級～ 7 級で区分される。

　厚生労働省（2018）によると，2016 年時点での身体障害者手帳所持者（推計値）は全国で 436 万人であり，そのうち 65 歳以上が約 7 割を占めている。身体障害者が高齢化するケースと，高齢になってさまざまな機能が低下することにより身体障害に至るケースとがあり，今後ますます障害者福祉と高齢者福祉の重なりは大きくなるといわれている。

2) 知的障害　知的障害は，DSM-5（American Psychiatric Association, 2013）では「知的能力障害（知的発達障害）」という名称のもと，「発達期に発症し，概念的，社会的，実用的な領域における知的機能と適応機能両面の欠陥を含む障害」と定義されている。DSM-Ⅳまでは，知能指数（IQ）70 が知的障害を判定するための基準値となっていたが，DSM-5 では IQ 値は削除され，知能検査の結果とともに臨床評価も踏まえて総合的に判断することとなった。

　知的障害者の福祉の根拠となる法律は，1960（昭和 35）年に制定された知的障害者福祉法（旧精神薄弱者福祉法）である。ただし，法律上に知的障害の定義に関する規定はなく，療育手帳の発行は厚生省（1973）による「療育手帳制度について」という通知によっている。法的根拠がないために，手帳の名称や障害程度の区分などは自治体によってさまざまである。たとえば，名古屋市では「愛護手帳」という名称で，もっとも重い 1 度～ 4 度の 4 段階に分けられており，18 歳未満は中央療育センター，18 歳以上は知的障害者更生相談所において判定が行われる。

　厚生労働省（2018）によると，2016 年時点で療育手帳をもつ在宅の知的障害者（推計値）は 96.2 万人であり，障害者支援施設入所者は約 12 万人となっている。

3) 精神障害　1950（昭和 25）年の精神衛生法，1987（昭和 62）年の精神保健法を経て，1995（平成 7）年に制定された精神保健及び精神障害者福祉に関する法律（精神保健福祉法）

によると，精神障害者は，「統合失調症，精神作用物質による急性中毒又はその依存症，知的障害，精神障害その他の精神疾患を有する者」と定義されている。社会的偏見の強さもあり，精神障害が福祉サービスの対象となるまでには時間を要した。精神障害者保健福祉手帳が交付されるようになったのは精神保健福祉法の制定以降であり，身体障害や知的障害とともに「3障害」として共通の福祉サービスを受けられるようになったのは，2005（平成17）年における障害者自立支援法の制定以後である。精神障害者保健福祉手帳の申請には，精神保健指定医もしくは精神障害の診断または医療に従事する医師の診断書が必要となり，判定は精神保健福祉センターによって行われる。もっとも重い1級〜3級で区分され，2年ごとの更新制となっている。

　厚生労働省（2018）によると，2016年時点での精神障害者保健福祉手帳の交付者数は92.1万人（推計値）とされている。これに対して，精神疾患により入院または外来治療を受けている患者は約392万人であり，手帳を所持する者よりもはるかに多い。近年では，退院後の精神障害者をいかに地域で受け入れるかが課題となっている。保健所や精神保健福祉センターが中心となって，地域生活や就労における支援体制を整えることが求められている。

　4）発達障害　2005（平成17）年に施行された発達障害者支援法によると，発達障害とは，「自閉症，アスペルガー症候群その他の広汎性発達障害，学習障害，注意欠陥多動性障害，その他これに類する脳機能の障害であって，その症状が通常低年齢で発現するもの」のことをさす。この法に基づき，発達障害児者に対するさまざまな支援が展開されるようになった。なお，発達障害は障害者基本法では2011（平成23）年，児童福祉法では2012（平成24）年に精神障害の中に含められ，共通の福祉サービスを受けられるようになった。

　2016（平成28）年に発達障害者支援法が改正された際には，発達障害の早期発見と生涯を通じた切れ目ない支援の重要性が明記された。詳細については，「障害児者にかかわる法制度」(8) を参照されたい。

　5）難病　難病は，2013（平成25）年に施行された障害者総合支援法により，障害の範囲に追加された。2019年7月時点で，障害者総合支援法および児童福祉法の対象として333種類の難病が認定されている（厚生労働省，2020）。難病への対応には，医療との連携が不可欠である。

●障害児者にかかわる法制度

　共生社会の実現を目指す日本においては，近年，障害児者を取り巻く状況も大きく変化してきている。特に，障害者の権利に関する条約を批准するにあたって国内法の整備が大きく進んだ。以下では，障害児者にかかわる法制度について，近年の動向を中心にまとめる。

(1) 障害者の権利に関する条約（障害者権利条約）
　2006（平成18）年の第61回国連総会において採択された。すべての障害者があらゆる人権および基本的自由を享有することや，障害者固有の尊厳を尊重することを目的としている。また，先述したICFのモデルを反映し，障害は，機能障害を有する個人と，その個人に対する態

度や環境による障壁との相互作用により生じるとしている。日本は 2007（平成 19）年に署名し，後述する障害者基本法，障害者雇用促進法，障害者差別解消法などの関連法の整備を行った上で，2014（平成 26）年に批准した。

（2）障害者基本法

　1970（昭和 45）年に制定された心身障害者対策基本法を 1993（平成 5）年に改正して成立した。すべての国民が障害の有無によって分け隔てられることなく，人格と個性を尊重し合いながら共生する社会の実現に向けて，障害者の自立および社会参加の支援等のための施策を推進することを目的としている。

　2004（平成 16）年の改正で，障害者差別等の禁止が基本理念として規定された。また，2011（平成 23）年には，障害者権利条約の批准に向けた再改正が行われ，障害者の定義が変更されるとともに，合理的配慮の概念が取り入れられた。

（3）児童福祉法――障害児支援の体系について

　国は障害児支援の強化を図るために，2012（平成 24）年の児童福祉法改正において，従来の障害種別で分かれていた体系を通所・入所の利用形態別に一元化した（図Ⅱ-3-2）。これにより，障害の種別や程度にかかわらず，身近な地域の支援機関に通うことができる体制が整えられてきている。

　なお，通所支援における「児童発達支援」という名称に「障害」という言葉が入っていないのは，「障害がなくても通える」という立場を取っているためである（宮田，2014）。これらの施設は，市町村から発行される意見書を提出すれば利用することができ，障害者手帳は必ずしも求められない。

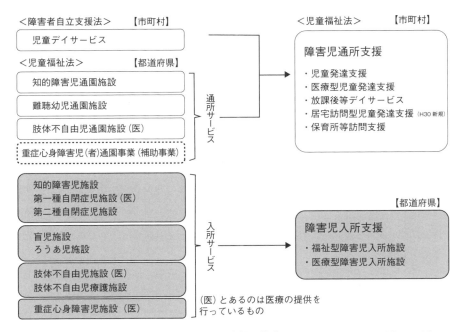

図Ⅱ-3-2　児童福祉法における障害児支援の体系（厚生労働省「障害児支援施策の概要」）

（4）障害者の日常生活及び社会生活を総合的に支援するための法律（障害者総合支援法）

　2003 年，社会福祉基礎構造改革の一環として，福祉サービスの利用法の大きな転換が行われた。主として行政がサービス内容を決定する措置制度に代わり，利用者がサービス事業者を選んで契約を結ぶ支援費制度が導入されたのである。さらに 2005（平成 17）年には，障害者の地域生活と就労を進めるために障害者自立支援法が制定された。これにより，身体・知的・精神障害の種別によらず，自立支援のための福祉サービスや公費負担医療等が一元的に提供されることとなった。

　当事者からの意見を含めたさまざまな検討の結果，2012（平成 24）年に，障害者自立支援法は障害者総合支援法へと名称を変更し，2013（平成 25）年より施行されることとなった。特徴としては，市町村を福祉サービスの提供主体とし，支給決定までの手続きを明確化したことや，利用者の応能負担（所得等に配慮した自己負担）の原則を確立したことがあげられる。サービスの体系は図Ⅱ-3-3 のように，介護給付，訓練等給付，相談支援，自立支援医療，補装具からなる自立支援給付と，地域生活支援事業に分けられている。

（5）障害者虐待の防止，障害者の養護者に対する支援等に関する法律（障害者虐待防止法）

　2011（平成 23）年に成立し，2012（平成 24）年に施行された。障害者虐待を防止するとともに，養護者への支援を行うことにより，障害者の権利や利益を擁護することを目的としている。障害者への虐待の区分は，養護者によるもの，障害者福祉施設従事者等によるもの，使用者によるものとされ，虐待の類型は，身体的虐待，性的虐待，心理的虐待，放棄・放置，経済的虐待（障害者の財産を不当に処分することや，障害者から不当に財産上の利益を得ること）

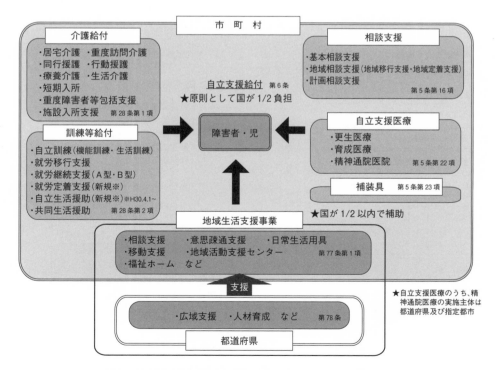

図Ⅱ-3-3　**障害者総合支援法の給付・事業**（厚生労働省「障害者総合支援法の給付・事業」）

の五つとされている。虐待を受けたと思われる障害者を発見した場合は，速やかに市町村に通報することが義務づけられている。また，養護者の負担軽減のために，市町村は養護者への相談や指導および助言を行い，緊急時には障害者が短期間の養護を受けるために必要な居室を確保することとなっている。

（6）障害を理由とする差別の解消に関する法律（障害者差別解消法）

　障害者基本法第4条における差別の禁止規定を具現化するものとして，2013（平成25）年に制定され，2016（平成28）年より施行された。障害を理由とした差別を解消するために，不当な差別的取扱いの禁止については，国・地方公共団体・民間事業者ともに法的義務，合理的配慮の提供については，国と地方公共団体は法的義務，民間事業者は努力義務とされている。障害者から社会的障壁の除去を必要としている旨の意志表明があり，その実施に伴う負担が過重でないときには，必要かつ合理的な配慮をしなければならない。

（7）障害者の雇用の促進等に関する法律（障害者雇用促進法）

　1960（昭和35）年に制定され，改正を重ねている。障害者の職業の安定を図ることを目的としており，そのために事業主には障害者の雇用を義務づけている。2021年3月時点の法定雇用率は，民間企業が2.3%，国・地方公共団体・特殊法人等が2.6%，都道府県等の教育委員会が2.5%である。また，障害者本人へは職業リハビリテーションを実施することとしている。ハローワーク，地域障害者職業支援センター，障害者就業・生活支援センター等の地域の就労支援機関が，障害者の職業生活における自立を支援する。

　2013（平成25）年の改正により，雇用の分野において障害を理由とする差別的取扱いが禁止され，合理的配慮の提供が義務化された。また，2018（平成30）年の改正により，従来の身体障害者と知的障害者に加えて，発達障害を含む精神障害者が雇用義務の対象に加えられた。

（8）発達障害者支援法

　2004年（平成16）年に制定され，2005年（平成17）年に施行された。発達障害の定義の他に，発達障害者支援のための国及び地方公共団体の責務として，就学前及び学校教育における発達支援，就労支援や地域での生活支援，そして家族等に対する支援などを行うための措置を講じることなどが定められている。また，この法律を根拠に，発達障害者とその家族および関係者の相談に応じ，関係機関等との連絡調整を図る専門機関としての発達障害者支援センターが全国各地で指定されるようになった。

　2016（平成28）年の改正では，発達障害が発見されたときからできるだけ早期に発達支援を行うとともに，切れ目なく支援を行うことが特に重要であると明記された。教育の場においては，可能な限り発達障害児が発達障害のない児童とともに教育を受けられるよう配慮しつつ，適切な教育的支援やいじめ防止対策等を行うこと，そして大学等においても発達障害のある学生に対する教育上の配慮を行うことが必要であるとされた。

●障害児者とその家族における心理社会的課題

　ここでは，ライフステージに沿って，障害児者とその家族における心理社会的課題を概観す

る。

（1）乳幼児期

　本人がまだ幼いこの時期には，保護者がいかにわが子の障害と出会い，向き合うかが課題となる。出産前や出産直後に明らかになる障害としては，口唇口蓋裂や手足の先天異常といった身体の奇形，21トリソミー（ダウン症）などの染色体異常や重度の障害などがあげられる。また，出産時のトラブルによって脳内出血や仮死状態が起こった場合には，後遺症として身体障害等が生じることがある。ドロターら（Drotar et al., 1975）は，子どもに先天奇形があることを知った保護者の心理的反応には，①ショック，②否認，③悲しみと怒り，④適応，⑤再起という5段階があることを示したが，それぞれの保護者により心の揺れ動く幅や程度，受容までに要する労力や時間はさまざまであることにも留意が必要である。

　育ちの過程で明らかになる障害としては，知的障害や発達障害などがあげられる。保護者は日々の育児の中で違和感を覚えるものの，障害という認識には結びつきにくい場合がある。乳幼児健康診査や，保育園や幼稚園などの集団生活の場で指摘され，はじめて問題意識が抱かれることも多い。一方で，近年では社会的にも発達障害への認識が高まりをみせていることから，保護者がわが子の障害を疑って支援者に尋ねることも増えている。早期に障害を発見し，支援へとつなげることが鍵となる。

　乳幼児期の終わりは，就学に関する課題に向き合う時期となる。どの学校を選ぶかをめぐって，保護者は特に迷いを抱えることが多い。市町村の教育支援委員会（医師，福祉関係者，学識経験者，学校関係者，教育委員会担当者で構成され，相談対象者の適切な就学先の選定に際して助言や判断をする組織）によって実施される就学相談の機会等も活用しながら，わが子にあった就学先を選択していくことになる。就学相談と就学先決定にあたっては，本人と保護者の意見を最大限に尊重することが前提となっている。詳細については，中央教育審議会初等中等教育分科会（2012）や文部科学省（2013）を参照されたい。

（2）児童青年期

　就学後の支援は，特別支援教育の枠組みに沿って行われる。支援の対象となる児童生徒には，個別の指導計画や個別の教育支援計画が作成される。前者は個々の児童生徒の学校における指導目標や指導内容に関する計画であり，担任等と保護者が協働して作成する。後者は，個々の児童生徒に対して将来を見通した一貫した支援を行うために，教育，医療，保健，福祉，労働などの関係機関が家庭と協働して作成する。これらの計画は，放課後等デイサービスなどの余暇支援の場においても適用される。

　小学校高学年以降は，障害のある子どもたちも，周囲の子どもたちと同様に思春期特有の心理的な難しさを抱えるようになる。自己の内面に気づき，周囲の反応に関する理解が深まることにより，自分と周囲との「違い」や自分の「できなさ」に直面することが増えてくる。その結果，攻撃的な言動の増加や不登校といった行動化が認められることがある。家族や支援者は，これらの行動は障害特性から直接的に生じるものではなく，劣等感や自信のなさなどから生じる二次障害であることを理解し，本人の自覚的あるいは無自覚的な苦しみに寄り添うことが求められる。また，本人の特性に合わせた配慮や環境調整により，二次障害をいかに予防もしくは軽減するかという視点も大切になる。

　近年では，高等学校や大学等においても入試や入学後に合理的配慮が提供されるようになってきているため，障害のある生徒の進路の選択肢は広がっているといえる。一方で，合理的配慮は本人からの意思表明があることで初めて検討され，開始されるものである。専門家ともつながりながら，自己理解や障害特性の理解に基づき進路を決定することや，必要な配慮について自ら発信することも求められる。

(3) 成人期

　高等学校，専門学校や大学などの教育期間を終えて社会人となる時期には，就労という課題が訪れる。障害のある人の就労には，一般就労と福祉的就労とがある。一般就労は，通常の企業等で働くことであり，福祉的就労は，就労継続支援事業所や就労移行支援事業所などに通い，一般就労に必要な知識や技能を身につけながら働くことである。就労継続支援事業所は，就労継続支援事業 A 型（事業所との間に雇用契約あり，利用期間の制限なし）と，就労継続支援事業 B 型（事業所との間に雇用契約なし，利用期間の制限なし）に分けられる。就労移行支援事業所は，一般企業等への就労が見込まれる人を対象とし，原則として 2 年の利用期限を設けて，生産活動や職場体験等の活動の機会の提供，求職活動への支援，利用者の適正に応じた職場の開拓，就職後における職場への定着のために必要な相談等の支援を行う。就労先の選択に際しては，専門家の支援を受けながら，改めて自身の障害特性と向き合うことが求められる。さらに就労後には，就労継続という課題が待ち受ける。その成否を分けるのは，これまでの支援体験を踏まえつつ，いかに支援者と上手につながり支援を受けられるかであるともいわれている。

●障害児者福祉における心理支援

　歴史的にみると，福祉領域における心理支援は，適切な福祉サービスを提供するために対象者の特性や障害の内容を明らかにする心理アセスメントから始まった（髙橋，2018）。障害児者福祉の場に関しては，児童相談所では療育手帳の心理学的判定，更生相談所では手帳判定や相談などにおいて，心理職の専門性が発揮されてきた。その後，福祉の実施体制の変化に伴い，心理職の働く場も各種相談機関から地域のさまざまな機関へと拡大してきている。

　保健所や保健センターで行われる乳幼児健康診査では，心理職は子どもの発達のアセスメントや療育へのつなぎに携わり，保健師と連携して保護者の心理相談を行っている。児童発達支援センターや放課後等デイサービスにおいても，心理職がスタッフとして配置されている。白石（2018）は，障害児福祉における「本人の発達支援」と「親子関係の調整」は，心理職だからこそ踏み込めるものであると述べている。一方で，特に発達支援の現場においては，専門職や専門機関同士の連携が求められ，訪問支援等によるアウトリーチの重要性も高まりをみせているため，心理職も時にソーシャルワークに似た動きをすることがある。

　また近年では，就労支援を必要とする人の中に，身体障害や知的障害のある人に加えて，精神障害や発達障害のある人が増えており，当事者の精神症状や認知面の問題などを理解するための専門性が必要となっている（小川，2017）。発達障害者支援センターなど就労支援に携わる機関においては，心理職によるアセスメントや相談支援の充実が期待されている。

　さらに障害者福祉においては，施設生活を重視する施策から地域生活を維持するための施策

への転換が図られ，個別の支援計画に基づき必要な福祉サービスを受ける仕組みが整えられてきた。心理職には，そうした支援計画に障害者への心理アセスメントの結果を反映させたり，障害を抱えながら生きる当事者の心に寄り添いながら相談支援や生活支援を展開したりすることも求められている（髙橋，2018）。

　自明のことではあるが，どのような障害があっても，人が人であることには変わりはない。心理職自身が「障害とは何か」についての考えを深め，自らの言動や価値観が障害児者やその家族に与える影響について振り返ることも，忘れてはならないだろう。

引用文献

American Psychiatric Association (2013). *Diagnostic and statistical manual of mental disorders* (5th ed.).Washington, DC: American Psychiatric Publishing.（日本精神神経学会（日本語版用語監修）髙橋三郎・大野　裕（監訳）(2014)．DSM-5—精神疾患の診断・統計マニュアル　医学書院）

中央教育審議会初等中等教育分科会 (2012)．共生社会の形成に向けたインクルーシブ教育システム構築のための特別支援教育の推進（報告）〈https://www.mext.go.jp/b_menu/shingi/chukyo/chukyo0/gijiroku/__icsFiles/afieldfile/2012/07/24/1323733_8.pdf〉(2020 年 4 月 13 日確認)

Drotar, D., Baskieriwicz, A., Irvin, N., Kenell, J. & Klaus, M. (1975). The adaptation of parents to birth of an infant with a congenital malformation: A hypothetical model. *Pediatrics*, **56**(5), 710–717.

厚生省 (1973)．療育手帳制度について〈https://www.mhlw.go.jp/web/t_doc?dataId=00ta9476&dataType=1&pageNo=1〉(2020 年 11 月 1 日確認)

厚生労働省 (2018)．平成 28 年生活のしづらさなどに関する調査（全国在宅障害児・者等実態調査）結果〈https://www.mhlw.go.jp/toukei/list/dl/seikatsu_chousa_c_h28.pdf〉(2020 年 3 月 30 日確認)

厚生労働省 (2020)．指定難病〈https://www.mhlw.go.jp/stf/seisakunitsuite/bunya/0000084783.html〉(2020 年 4 月 7 日確認)

光真坊浩史 (2015)．障害の概要と対象　公益財団法人児童育成協会（監）西村重稀・水田敏郎（編）基本保育シリーズ⑰ 障害児保育　中央法規　pp.2–12.

宮田広善 (2014)．我が国の障害乳幼児支援における関連機関連携の展望と課題—ライフスパンの視点から　筑波大学特別支援教育研究—実践と研究, **8**, 78–88.

文部科学省 (2013)．学校教育法施行令の一部改正について（通知）〈https://www.mext.go.jp/a_menu/shotou/tokubetu/material/1339311.htm〉(2020 年 4 月 13 日確認)

小川　浩 (2017)．就労支援と福祉心理学　太田信夫（監修）小畑文也（編）シリーズ心理学と仕事 14 福祉心理学　北大路書房　pp.85–102.

白石雅一 (2018)．障害・疾病のある人への心理支援　野島一彦・繁枡算男（監修）中島健一（編）公認心理師の基礎と実践 17 福祉心理学　遠見書房　pp.67–82.

障害者福祉研究会 (2002)．ICF 国際生活機能分類—国際障害分類改定版　中央法規

髙橋幸市 (2018)．福祉分野における公認心理師の具体的な業務　野島一彦・繁枡算男（監修）野島一彦（編）公認心理師の基礎と実践 1 公認心理師の職責　遠見書房　pp.74–83.

参考文献

厚生労働省　障害児支援施策の概要〈https://www.mhlw.go.jp/content/12200000/000360879.pdf〉(2020 年 3 月 19 日確認)

厚生労働省　障害者総合支援法の給付・事業〈https://www.mhlw.go.jp/file/06-Seisakujouhou-11130500-Shokuhinanzenbu/0000150448.pdf〉(2020 年 4 月 5 日確認)

4

高齢者福祉の場における支援

◉はじめに

　現在，福祉現場で高齢者支援にかかわっている心理職は数少ない。しかし，認知症をかかえる高齢者の増加，親の介護による離職，介護従事者のメンタルヘルス不調や離職，高齢者虐待，高齢者の孤立死やゴミ屋敷問題などは社会問題となっており，福祉現場における高齢者の心理的支援の充実が望まれる。そこで，本章では，超高齢社会の現状，医療保険や福祉の法律や施策を概説し，高齢者に生じる心理社会的課題とその支援について考えたい。

◉超高齢社会の現状

　高齢者とは，現在の日本では国際基準に合わせて年齢65歳以上の人々のことである。総人口に対して高齢者人口が占める割合を高齢化率といい，7%を超えると「高齢化社会」，14%を超えると「高齢社会」，21%を超えると「超高齢社会」という。日本はすでに2007年に超高齢社会になり，「令和元年版高齢社会白書」（内閣府，2019）では高齢者人口は3,558万人，高齢化率は28.1%，国民4人に1人以上が65歳以上である。また，日本は，高齢化率が世界でもっとも高く，高齢化が急速に進んでおり，高齢化に対応する法整備や施策が進められている。

◉高齢者の医療保健や福祉に関する法律や施策

　高齢者に関する法律や施策の概要を述べるが，詳細は厚生労働省HPなどを参照してほしい。

(1) 老人福祉法

　1963（昭和38）年に制定された「老人福祉法」は，高齢者の福祉を図ることを目的としており，基本理念は，「老人は，多年にわたり社会の進展に寄与してきた者として，かつ，豊富な知識と経験を有する者として敬愛されるとともに，生きがいをもてる健全で安らかな生活を保障されるものとする」である。この法律では，国や地方公共団体に高齢者の福祉を増進する責務があることや高齢者の心身の健康の保持および生活の安定のために必要な施設や事業などの施策が規定されている。

(2) 公的介護保険制度と地域包括ケアシステムの構築

　1973年に，老人医療費支給制度が始まり，原則70歳以上は医療費が無料化され，1982年に

制定された老人保健法では，医療費定額負担が導入された。しかし，医療費の急増に対応し，介護の必要な高齢者を社会全体で支えるため，1997（平成 9）年に介護保険法が制定され，2000（平成 12）年に施行された。基本的な考え方は，高齢者の自立を支援することを理念とする「自立支援」，利用者の選択によりサービスが受けられる「利用者本位」，給付と負担の関係が明確な「社会保険方式」である。介護保険の財源は，50％が 40 歳以上の国民から徴収された保険料であり，残り 50％は公費である。図Ⅱ-4-1 は介護サービスの利用の手続きである。利用者は市町村の窓口に要介護認定申請を行い，要介護と認定された場合は施設サービス，居宅介護サービス，地域密着型サービスを利用し，要支援と認定された場合は介護予防サービスなどを利用し，給付を受けることができる。

　地域包括ケアは，2005（平成 17）年の介護保険法改正で，その用語が初めて用いられ，介護予防ケアマネジメントを担う「地域包括支援センター」が創設された。現在，団塊の世代が 75 歳以上になる 2025 年を目処に，高齢者の尊厳の保持と自立生活の支援を目的として，可能な限り住み慣れた地域で，自分らしい暮らしを人生の最期まで続けることができるよう，住まい・医療・介護・予防・生活支援が一体的に提供される地域の包括的な支援・サービス提供体制（地域包括ケアシステム）の構築（図Ⅱ-4-2）が進められている（厚生労働省，2018）。

（3）認知症施策推進総合戦略（新オレンジプラン）

　認知症施策推進総合戦略（新オレンジプラン）（厚生労働省，2015）は，厚生労働省など 12 省庁がかかわる国の施策である。2025 年には，認知症は約 700 万人前後，高齢者の約 5 人に 1 人が認知症になると想定されている。施策は，認知症の人の意思が尊重され，できる限り住み慣れた地域のよい環境で自分らしく暮らし続けることができる「認知症高齢者等にやさしい地域づくり」を目指すものである。施策は，①認知症理解の普及，②適時・適切な医療・介護等の提供，③若年性認知症施策の強化，④介護者への支援，⑤認知症の人を含む高齢者にやさしい地域づくり，⑥認知症の予防，診断，治療，リハビリ，介護等の研究，⑦認知症の人と家族の視点の重視である。新たに加えられた⑦は認知症の人と家族の心理やニーズを理解する重要性を指摘するものである。心理教育が介護者の燃え尽きを軽減することも指摘されており，心理アセスメント，心理的支援，心理教育など心理職が貢献できる事柄が含まれている。

（4）高齢者に対する虐待の防止，高齢者の養護者に対する支援等に関する法律

　2005（平成 17）年に制定されたこの法律は，高齢者虐待防止法と呼ばれ，高齢者の虐待防止，早期発見・早期対応を目的として，市町村を虐待防止の担い手と位置づけ，家庭内と施設・事業所の従事者等による虐待を対象としている。虐待は，身体的虐待，介護世話の放棄・放任（ネグレクト），心理的虐待，性的虐待，経済的虐待（高齢者の財産の侵奪）の 5 類型である。経済的虐待と介護する養護者の支援も含まれている点が児童虐待防止法と異なる特徴である。一般市民は虐待の発見時に通報の努力義務，緊急時に通報義務があり，医療・福祉関係者は虐待の発見時，緊急時とも通報義務がある。

　このように，急速な高齢化に対して，老人福祉法では敬愛され，保護される高齢者像であったが，より自立した高齢者であることが求められ，それを実現するための法整備や施策が行われている。

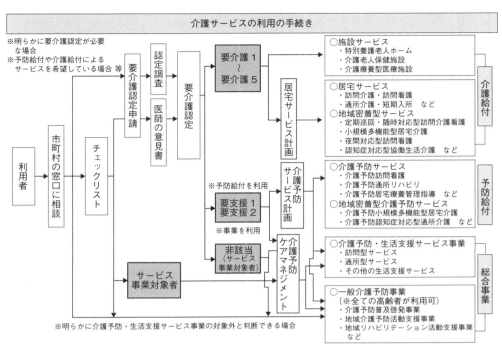

図Ⅱ-4-1　介護サービスの利用の手続き（厚生労働省，2018）

○団塊の世代が75歳以上となる2025年を目途に、重度な要介護状態となっても住み慣れた地域で自分らしい暮らしを人生の最後まで続けることができるよう、**住まい・医療・介護・予防・生活支援が一体的に提供される地域包括ケアシステムの構築**を実現していきます。

○今後、認知症高齢者の増加が見込まれることから、認知症高齢者の地域での生活を支えるためにも、地域包括ケアシステムの構築が重要です。

○人口が横ばいで75歳以上人口が急増する大都市部、75歳以上人口の増加は緩やかだが人口は減少する町村部等、高齢化の進展状況には大きな地域差が生じています。
地域包括ケアシステムは、保険者である市町村や都道府県が、地域の自主性や主体性に基づき、地域の特性に応じて作り上げていくことが必要です。

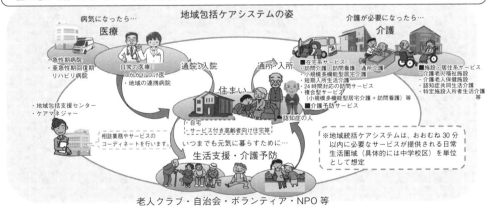

図Ⅱ-4-2　地域包括ケアシステム（厚生労働省，2015）

●福祉現場における高齢者の心理社会的課題と支援

　福祉現場における高齢者の心理社会的課題には，老々介護，認認介護，介護施設入所，在宅での介護（介護ストレスや親族間の葛藤など），高齢者の虐待，閉じこもり，セルフネグレク

ト，自殺，孤立死，親亡き後の心配（障害のある子どもや引きこもりの子どもの将来の心配）などさまざまな課題がある。ここでは，はじめに，ライフサイクルの視点から考えられる高齢者の心理社会的課題をまとめ，具体的な課題と支援として，介護度の重度化の防止に関連する「介護施設入所をめぐる問題」と，介護予防事業と関連する「閉じこもり・セルフネグレクト」について述べる。認知症については，第Ⅳ部4章を参照してほしい。

(1) 高齢者の心理社会的課題——「喪失」「未解決の葛藤」「ケア」「自身の死」

　ライフサイクルの視点から考えると，「喪失」「未解決の葛藤」「自身の死」「ケア」とどう向き合うかが高齢者の心理社会的課題である。対処の過程や結果として，不安や抑うつなどの心理的問題，精神疾患（認知症，うつ，せん妄など）を生じることもある。喪失には，体力の低下や健康上の問題など身体的喪失，肉親や配偶者や友人の死など対人的喪失，退職など社会的役割の喪失，収入の減少など経済的喪失がある。配偶者の死によって，子どもと同居することになり，住みなれた土地を離れ，友人との交流が少なくなるなど，喪失がいくつも重なることもある。「未解決の葛藤」について，エリクソン（Erikson, 1963）は，高齢者の心理的危機は「自我の統合 対 絶望」であると指摘した。高齢者は，人生をかけがえのないものとしてありのまま受け入れることができる統合の感覚と，つまらない人生だがやり直す時間はないという絶望の感覚，この相反する感覚の中で，人生を問い直す。また，私たちは，自分のことは自分でする，人に迷惑をかけない，社会に役立つことを期待されて育っており，介護される立場になったとき，「ケア」をどう受け入れるのかは大きな課題となる。「自身の死」では，最期を迎える場所や人工栄養などの延命を望むのかの選択が課題となる（山口，2017）。

(2) 介護施設入所をめぐる問題——アパシーと罪悪感・無力感の負の連鎖を回避する

　身体機能や認知機能の低下のため，一人での生活が困難になり，在宅での支援では生活できなくなると，高齢者は介護施設に入所することになる。自ら入所を希望する高齢者もいるが，家族が施設を選び，高齢者はやむをえず入所する場合が多い。高齢者は，家族・友人・地域など愛着ある場所や関係から切り離され，生活習慣を変え，これまで培ったさまざまな役割（例：父親・母親，祖父母，主婦，職業上の地位や資格）を失い，介護施設に住む一老人という存在になる。これは大きな喪失体験である。さらに，施設では，他人と無期限の共同生活をするストレス，自分の所有物と占有空間を侵害されるストレス，自分の先々を予想させる高齢者を目にするストレスがある。このような喪失やストレスはアイデンティティを揺るがし，生きる目的の喪失，誰かに依存しなければならない存在，迷惑な存在，無価値な存在という自己否定につながりやすい。入所した高齢者の多くは新たな生活に徐々に慣れ，安定した生活を送ることができる。しかし，特に，認知機能が低下し，他者との関係を自ら築くことが難しい高齢者は，迷惑をかけているという罪悪感や無力感，あきらめ，怒り，抑うつ，失望が生じ，活力・意欲が低下したアパシー状態になるか，不穏，暴言，徘徊などの問題行動や訴えが多くなる可能性がある。このような高齢者の姿を見ると，家族は自分たちで世話ができないことに罪悪感を感じ，介護従事者も十分な介護ができていないという罪悪感を抱えて疲弊し，介護者や介護従事者の燃え尽きや介護放棄につながる可能性がある。このような高齢者・家族・介護従事者の罪悪感や無力感の負の連鎖については，連鎖を防ぐ工夫が必要である。

　入所当時，「自分は何もできない」と消極的になり，アパシーの様相を呈していたA（女性）

は，施設で飼っている犬の世話を依頼された。Aは体調が悪い日も犬の世話を続け，Aの責任感や心優しさはAの「その人らしさ」として職員にも受け入れられ，Aはアパシー状態を脱することができた。犬の世話に依頼は，Aの生活史をふまえた介護職の発案である。このように，入居者が自分の生活史を理解され，自分の生活習慣をコントロールできる感覚をもてること，自分自身の空間・時間をもてること，本人にとって価値のある役割があること，困ったことを察してもらえる職員との関係があることが連鎖の回避には必要である（山口，2020；山本，2017）。

　福祉現場における心理職の心理的支援については，支援を実施している施設も心理職も数少ないが，グループ回想法や個人心理療法の報告がなされている。グループ回想法で，入居者同士が過去の思い出を語ることは，入所者の関係づくりを促進する機会となるだけでなく，介護従事者が高齢者の往年の生き生きした姿や人生を理解する機会になる（山口，2015）。認知症のアパシーの改善には，個々人に合わせたアクティビティが推奨されているが，グループ回想法は介護従事者が高齢者一人ひとりを理解する機会といえる。また，暴言や過度の依存など対応が難しい高齢者には個人心理療法が役立つことがある。認知機能，パーソナリティ，生活歴を含む多面的な心理アセスメントや高齢者が安心できる関わりが，困った行動の背景にある高齢者の心理を理解することにつながり，高齢者が安定することで，家族や介護従事者の燃えつきを回避する可能性がある。介護する家族や介護従事者の燃え尽きは虐待につながる危険性があるが，その発生要因は家族では介護者の介護疲れ，介護従事者では知識・技術の不足，ストレスや感情コントロールの問題であり，家族や介護従事者への心理面接，心理教育，コンサルテーションが役立つ（山口，2017）。

(3) 閉じこもり・セルフネグレクト——社会的孤立の回避

　現在，健康寿命を延ばすための介護予防の取り組みが積極的に行われている。介護予防では，閉じこもり，フレイル（加齢による生理機能とストレスへの耐性の低下），サルコペニア（筋量と筋肉の減少による身体的機能障害，生活の質の低下，死のリスク）への介入や口腔衛生の指導などが行われている。ここでは心理社会的課題としての閉じこもりとセルフネグレクトについて述べる。閉じこもりとは，「外出頻度が週1回未満で，要介護状態にないもの」である。その心理社会的特徴は，自分は役に立たないと思うなど自尊感情が低下しており，同居家族がいるにもかかわらず，家庭内の会話や役割がなく孤立していることである（藺牟田，2016）。また，セルフネグレクトとは，いわゆる「ゴミ屋敷」や動物の多頭飼いによる家屋の不衛生，不潔な状態，医療やサービスの拒否である。その背景は認知症など精神疾患等の問題，親しい人との死別，社会的孤立が関連する（岸，2018）。これらの高齢者は自ら支援を求めることはなく，集団での介護予防の活動に参加を促しても効果がないが，保健師の訪問支援で，過去を振り返るライフレビュー法を行うことが閉じこもりの改善につながった事例が報告されており（藺牟田，2016），心理職の心理支援の可能性も考えられる。

●福祉現場における高齢者支援に必要な配慮と心理的支援の可能性

　高齢者支援に必要な配慮は，第1に，身体性に目を向け，疾患の可能性を考えることである。高齢者は心身相関が強く，高血圧や悪性腫瘍などの身体疾患や脳器質性疾患は抑うつを引き起

こす。心理面だけに注目する危険性を理解し，疾患についての知識を深めることが必要である。

　第2に，社会資源の活用と関係者との連携である。要介護認定では，等級により，利用できるサービスが異なることなど，介護保険制度や福祉制度を理解し，関係者との連携が必要である。

　第3は，自殺の回避である。わが国の高齢者の自殺率は高く，独居よりも家族と同居している場合が多い。健康上の問題，家族への負担，家庭内の孤立などの要因と配偶者の死，医療機関からの退院などの状況変化を見極め，わずかなサインに気づく，きめ細やかな配慮が必要となる。

　第4は，柔軟な心理的支援である。身体疾患，聴力や視力など感覚機能や集中力の低下，疲れやすさからベッドサイドや自宅訪問など面接室以外の面接もある。心理検査の場面で深い事柄が話されることもある。このとき，心理面接の基本を意識しながらも，柔軟な対応が求められる。

　最後に，支援の姿勢の振り返りである。高齢者の権利擁護を意識できているか，高齢者の意志や人生を尊重しようとしているかである。認知症ケアの基本理念である「その人らしさ」の尊重（Kitwood, 1997）はすべての高齢者に当てはまる。マクアダムス（McAdams, 1993）はその人を知りたいとき，その人が人生をどのように語るのかを知ることが役立つと指摘している。ある認知症の女性は自分の子どもがわからなくなっても，施設でかつて仕事としていた保育行動を続けており，その行動からその女性の人生の物語が伝わる。高齢者をクライエントとして支援するだけでは高齢者を無力化する可能性があり，人生の先輩として，高齢者の人生の物語を聴く姿勢も必要である（山口，2015）。

　福祉現場における高齢者に対する心理的支援の可能性について考えると，高齢者の介護度の重度化の防止には高齢者のアパシーを改善することが必要である。個々人に合うアクティビティを考えるには，高齢者の長い人生を歩んできた歴史や人生の物語を理解しようとする姿勢が役立つ。また，深刻な喪失をめぐる問題の心理的支援，認知症や軽度認知障害における認知機能の的確なアセスメントや認知リハビリテーション，認知症によりコミュニケーションが困難になった高齢者の内界をコラージュ療法などで理解し，家族やスタッフに伝える介護者支援，心理教育など，福祉現場における心理的支援の可能性は大きく，今後の展開が望まれる（山口，2017; 2020）。

引用文献

Erikson, E. H. (1963). *Childfood and Society*. New York: W.W. Norton & Company.（仁科弥生（訳）(1977). 幼児期と社会1　みすず書房）

藺牟田洋美 (2016). 高齢者の閉じこもり―その予防と支援　日本心理学会（監修）長田久雄・箱田裕司（編）心理学叢書 超高齢社会を生きる―老いに寄り添う心理学　pp.67–82.

岸恵美子 (2018). セルフ・ネグレクトの今日的課題と支援のポイント　保健師ジャーナル, **74**(7), 544–550.

Kitwood, T. (1997). *Dementia Reconsidered: The Person Comes First*. Buckingham: Open University Press.（高橋誠一（訳）(2005). 認知症のパーソン・センタード・ケア　筒井書房）

厚生労働省 (2015). 地域包括ケアシステムについて―日常生活圏域ニーズ調査〈https://www.kantei.go.jp/jp/singi/kokuminkaigi/dai15/siryou1.pdf〉（2020年3月25日確認）

厚生労働省 (2018). 公的介護保険制度の現状と今後の役割〈https://www.mhlw.go.jp/content/0000213177.pdf〉（2020年3月25日確認）

McAdams, D. P. (1993). *The Stories We Live by: Personal Myths and Making of the Self*. New York; Merrow.

内閣府 (2019). 令和元年版高齢者社会白書　日経印刷

山口智子 (2015). 高齢者の回想法　森岡正芳（編）臨床ナラティヴアプローチ　ミネルヴァ書房　pp.215–228.

山口智子（編）(2017). 老いのこころと寄り添うこころ 改訂版―介護職・対人援助職のための心理学　遠見書房

山口智子 (2020). 認知症をかかえる高齢者と支援―曖昧な喪失とその人らしさ　白井利明（編）生涯発達の理論と支援　金子書房

山本さやこ (2017). 施設の利用と支援者の心理　山口智子（編）老いのこころと寄り添うこころ 改訂版　遠見書房 pp.143–153.

5

社会福祉（生活困窮者・自死など）の場における支援

◉はじめに

　本章では，特に社会福祉の場におけるその他の支援について，自死予防の支援と生活困窮者への支援を中心に概観する。これらの問題に共通する課題は，単に福祉領域内にとどまる課題ではなくその背景にそれぞれの対象者に固有の複合的な要因があり，領域横断的な対応が必要であること，また，社会福祉（社会保障）の公的制度の枠組みの中での支援を理解する必要があること，さらに，他職種との連携やアウトリーチが求められることである。本章では特にそれらの支援制度についても触れている。

◉自死予防（自殺予防対策）

（1）背景と課題

　図Ⅱ-5-1は平成元（1989）年以降の警視庁の自殺統計に基づく自殺者数を示したものである。20,000名前半で推移していた自殺者数が平成10（1998）年に30,000名を超えると，そのまま平成17（2005）年には33,427名と最大数となった。またこの頃，インターネットやSNSを用いた自殺関係の事柄が多く報道されるなど，現状に即した自殺支援の取り組みが早急に求められていた。

　そういった状況を背景として，平成19（2007）年には前年に制定された「自殺対策基本法」に基づき自殺対策の指針となる「自殺総合対策大綱（旧大綱）」が定められた。そこでは，①自殺は個人の自由な意志や選択によるのではなく「追いこまれた末の死である」こと，②社会の適切な介入や適切治療により，多くの「自殺は防ぐことができる」こと，③「自殺を考えて

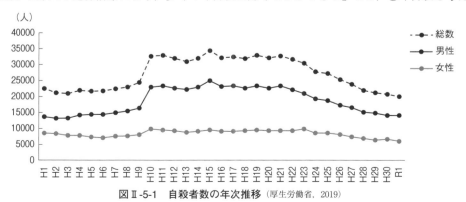

図Ⅱ-5-1　自殺者数の年次推移（厚生労働省，2019）

いる人は悩みを抱え込みながらもサインを発している」こと，が基本的な認識として強調された。

　平成24（2012）年には旧大綱も全体的な見直しが行われ「自殺総合対策大綱〜誰も自殺に追い込まれることのない社会の実現を目指して〜」が閣議決定された。そこでは「生きることの包括的支援」のために，その阻害要因（自殺のリスク要因）となる「失業，倒産，多重債務，長時間労働などの社会的要因」を減らし「自己肯定感，信頼できる人間関係，危機回避能力」といった促進要因（自殺に対する保護要因）を増やすことを通じて，社会全体の自殺リスクを低下させる方向を示している。

　うつ病や統合失調症などの精神疾患，アルコールや薬物・ギャンブル等への依存症などが自殺のハイリスク要因としてあげられているが，心理職がかかわる対象としては，他にひきこもりや児童虐待，性犯罪・性暴力被害者，生活困窮者，ひとり親家庭，性的マイノリティに対する支援や妊産婦への支援の充実を目指すこと，多様な相談手段を確保すると共に，社会の中での居場所作りを行うこと，などが提言されている。

　その後，自殺者数は緩やかな減少傾向を示すが国際的な視点からは非常に高い水準にあり，2019年の自殺者数はいまだ20000名を上回っている。年代別にみると自殺者数は60代以上がもっとも多いが，自殺率の推移をみると，40代以上が全体的傾向と同じく減少している反面30代では減少傾向が緩やかになり，20代以下はほぼ横ばいである。とりわけ30代以下の若い年代で自殺は死因順位の1位といった状態が続いているため，若年層に対するうつをはじめとするメンタルヘルスへの支援や学校や就労の場での支援が求められている。

（2）自殺予防の3段階と心理支援

　メンタルヘルスや予防医学で用いられる1次〜3次予防の捉え方と同様に，自殺予防対策においても，プリベンション（prevention），インターベンション（intervention），ポストベンション（postvention）の3段階でその支援が語られることが多い。ここでもその視点からその支援について概説する。

　プリベンションとは一般に事前対応や予防活動と訳されている。これは自殺のハイリスク者だけへの支援ではなく，すべての人に対してそこにいたる前の段階での予防を目指すものである。極論すれば，すべてのメンタルケアのための活動が心理職が行う自殺予防のプリベンションといえる。たとえばスクールカウンセラーが行う学校での自殺予防教育には，自分自身の心の状態に気づくこと，不安や苛立ちへの対処を知ること，自分の思いを適切に相手に伝え，相手の話を適切に聴くことができるようになること，などを目的とした活動が含まれている。また職場や地域で行われるメンタルヘルスに関する講座や講演も同様である。また，自殺やそのリスクについての正しい知識や理解，身近な人の心の不調に気づいた時の対処の普及，うつや精神疾患への偏見をなくすための啓蒙・啓発などもプリベンションである。

　インターベンションは危機介入を指す。これは先に述べたうつ病などの自殺のリスクの高い対象者や，自殺企図の危険性が高いクライエントへの心理的な介入などが含まれる。ハイリスク群への心理的介入はすなわち日常的な心理臨床的活動そのものであるともいえる。しかし，心理療法の場でクライエントから語られる「死んでしまいたい気持ち」は必ずしも直接的な自殺予告とは限らない。象徴としての死を扱うことによって，より深い過程に至る場合も少なくないのである。「死」という言葉だけに過剰に反応し，拙速な対応を行うことでかえって関係の

悪化につながることのないようにする必要があるだろう。もちろん，命に代わるものはない。関係悪化を恐れるあまりに自殺の危険を見逃すことは現に避けたい。そのため，心理支援においては，適切なアセスメントに基づいたリスクマネージメントの力が求められるのである。

　最後のポストベンションは事後対応である。これは，不幸にして自殺企図がされた場合の対応を指す。ひとつは自殺が未遂に終わった場合，その当事者や関係者への心理支援であり，もうひとつは既遂の場合の遺族や周囲の関係者への心理支援となる。それらの支援の実際は第Ⅳ部を参照してもらいたい。

(3)　ゲートキーパー，メンタルヘルス・ファーストエイド

　プリベンションからインターベンションをつなぐ役割として，ゲートキーパーがある。自殺予防におけるゲートキーパーとは，悩んでいる人に「気づき」「声をかけ」「話を聞いて」「必要な支援につなげ」「見守る」役割を担う，文字通り命の「門番」である。旧大綱の中で重点政策の一つとされたことから，かかりつけの医師をはじめ教員など関連するあらゆる分野の人材に対してゲートキーパー養成が進められた。現在では，専門職に限らず友人や家族などの身近な人もゲートキーパーの役割を担うことが期待されている。同様に，メンタルヘルスの問題を有する人に対して，専門家による支援の前に身近な人が行うことのできる初期支援の考え方として，メンタルヘルス・ファーストエイド（Kitchener & Jorm, 2002）があり，先のゲートキーパーの養成にも取り入れられている。これは①リスク評価，②判断・批判せず話を聞く，③安心と情報を与える，④サポートを得るように勧める，⑤セルフヘルプの五つのステップからなる行動計画で，一般に①〜⑤の最初の文字から「り・は・あ・さ・る」で示されている。

●生活困窮者支援（貧困問題）

(1)　背景と課題

　日本では，何らかの理由で収入が途絶え，生活が困窮した人に対しての最後のセーフティネットとして生活保護制度が存在する。しかし，生活保護の受給対象には至らないものの，現に経済的に困窮し生活に困難をきたし何らかの支援を必要とする人は少なからず存在しており，各自治体や民間団体等が支援を担っていたものの，総合的な対策には至っていなかった。あわせて 2008 年のリーマンショックに端を発した世界的経済危機は日本においても大きな影響を与え，貧困問題がさらに顕在化していった。そこで，それらの生活困窮者に対する包括的な支援体系を構築し生活保護に至る前の第2のセーフティネットとなる生活困窮者自立支援制度が2015（平成 27）年につくられた。そこでは住居の確保や就労支援，家計再生のための支援や，緊急的な支援などとともに，貧困の連鎖を防止するための子ども支援など，本人の状況に応じた自立に向けた支援の実施が示されている。さらに 2018（平成 30）年の生活困窮者自立支援法の一部改正では，生活困窮者等の一層の自立促進を図り，生活困窮者に対する包括的な支援体制を強化し，生活保護世帯の子どもの大学等への進学支援，ひとり親家庭の生活の安定と自立の促進などが盛り込まれた。同法では「生活困窮者」を「就労の状況，心身の状況，地域社会との関係性その他の事情により，現に経済的に困窮し，最低限度の生活を維持することができなくなるおそれのある者をいう」と定義している。

　生活困窮を捉える指標のひとつに貧困率がある。「平成 28 年国民生活基礎調査」によると，

日本の相対的貧困率（等価可処分所得が122万円未満の人の割合）は15.7％であった。その15.7％のほぼ半数（50.8％）がひとり親世帯であることがわかる（厚生労働省，2016）。その多くが母親と子どもの家庭であり，子育てのために非正規雇用で働く割合が父親と子どもの家庭に比べて多くなっている。

　こういった状況は，子どもにとっても経済的・物理的な影響にとどまらず，教育格差の拡大，パーソナリティの発達や心理的問題にも影響を与えることが懸念されている。そのため，現在子どもの貧困による世代間連鎖を防ぐため，「子ども食堂」「放課後児童クラブ」などの中で福祉的な支援の取り組みがさまざまに行われている。子どもの貧困に関する支援の実際も第Ⅳ部に述べられている。

(2) 生活困窮者支援における心理支援

　生活困窮者自立支援制度で定められた支援事業は，自立相談支援事業，住居確保給付金の支給，就労準備支援事業，一時生活支援事業，家計相談支援事業，学習支援事業，就労訓練事業の七つであるが，その中では具体的に心理支援の必要性について明確に述べられてはいない。しかし，生活困窮者の多くがその背景に複合的な課題を抱えていることから，できる限り対象を広く捉えて，隙間のない対応を行うことが必要とされている。

　図Ⅱ-5-2は生活困窮者へ相談支援事業において各機関が適切なネットワークを構築することによる支援イメージを図示したものである。（厚生労働省，2013）。他領域についての詳細は別書に譲るが，これら関係機関の多くにおいて心理支援が重要な役割を果たしている。生活困窮に至る背景にある精神疾患や障害への心理支援は当然ながら，それ以外にも生活困窮に至る経緯の中で多くの方が心理的な課題を有している。何らかの失敗体験や対人関係における傷つき体験によって自己肯定感や意欲が低下している場合や，強い社会不安を有している場合も少なくない。そのため援助希求をすること自体が困難な状態にある場合も考えられる。多職種と

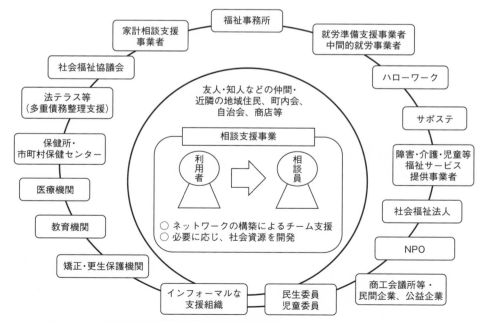

図Ⅱ-5-2　生活困窮者支援相談支援事業と関係機関のネットワーク（厚生労働省，2013）

のチームで支援を行う際には，心理職は顕在化している経済的問題の解決のみにとらわれすぎることなく，対象者の心理状態のアセスメントを行い，適切な支援のあり方を提案していく必要があるだろう。また，特に子ども世代の心理支援では，その背景に生活困窮があることが見えにくいことも多い。子育て支援や育児相談，スクールカウンセリングなどでのかかわりにおいては，クライエントやその家族の社会的背景を含めたアセスメントを行い，場合によっては心理支援と並行して福祉機関と連携をとっていくことも求められるだろう。

◉その他の社会福祉の場における課題と支援

(1) その他の課題

　社会福祉の場における課題は，自殺支援や生活困窮者支援を例にとるまでもなく，一つの領域で捉えることができない複合的で複雑な背景をもつものが多い。また，それぞれの課題は相互に結びつき関連している。たとえば，今回福祉領域の中で取り上げていない在留・在滞外国人への支援，不登校や引きこもりへの支援，子ども若者への立ち直りや就労に関する育成支援などの課題は，社会福祉の場の中でも重要な課題として取り上げられるものである。

(2) 社会福祉の場における心理支援の特徴

　心理職の行う個人心理療法やコンサルテーションは社会福祉の場においても重要な役割の一つである。しかし社会福祉の場で出会う対象者の中には，安心して「生きる」ことができる環境の確保がまず優先する場合や，当然尊重されるべき基本的人権が侵害され，福祉の支援につながることさえも物理的・精神的に困難な場合も少なくない。時には拒否的になったり，暴力的になったりすることや，逆に無気力な反応を返すものもいる。そういった段階では心理職は個別の心理療法にこだわることなく，支援チームの一員として対象者に寄り添い，他職種に対して心理的なアセスメントの結果を伝えその支援計画に関与していくことが求められる。また，自ら支援の場につながることの難しい対象者にはその場に出向いて積極的に働きかけることによって，必要な情報や支援を届けるアウトリーチ型のプロセスが求められる。心理職も対象者や支援の枠組みに合わせた柔軟なアプローチが求められるのである。

引用文献
一般財団法人北海道総合研究調査会（2014）．生活困窮者自立相談支援機関の設置・運営の手引き
Kitchener, B. A., & Jorm, A. F.（2002）. *Mental health first aid manual*. Melbourne: Orygen Reseach Center.（メンタルヘルス・ファーストエイド・ジャパン（編訳）（2012）専門家に相談する前のメンタルヘルス・ファーストエイド―こころの応急処置マニュアル　創元社）
厚生労働省（2007）．自殺総合対策大綱（旧大綱）〈https://www.mhlw.go.jp/stf/seisakunitsuite/bunya/hukushi_kaigo/seikatsuhogo/jisatsu/taikou_h190608.html〉（2020年12月10日確認）
厚生労働省（2012）．自殺総合対策大綱―誰も自殺に追い込まれることのない社会の実現を目指して〈https://www.mhlw.go.jp/stf/seisakunitsuite/bunya/hukushi_kaigo/seikatsuhogo/jisatsu/taikou_h190608.html〉（2020年12月10日確認）
厚生労働省（2013）．社会保障審議会　生活困窮者の生活支援の在り方に関する特別部会報告書〈https://www.mhlw.go.jp/stf/shingi/2r9852000002tpzu-att/2r9852000002tq1b.pdf〉（2020年12月10日確認）
厚生労働省（2016）．平成28年　国民生活基礎調査〈https://www.mhlw.go.jp/toukei/saikin/hw/k-tyosa/k-tyosa16/〉（2020年12月10日確認）
厚生労働省（2019）．令和元年版　自殺対策白書〈https://www.mhlw.go.jp/stf/seisakunitsuite/bunya/hukushi_

kaigo/seikatsuhogo/jisatsu/jisatsuhakusyo2019.html〉（2020 年 12 月 10 日確認）

内閣府自殺対策推進室（2013）．ゲートキーパー養成研修用テキスト（第 3 版）〈https://www.mhlw.go.jp/stf/
　　seisakunitsuite/bunya/0000128774.html〉（2020 年 12 月 10 日確認）

Ⅲ　福祉心理臨床の主な機関と心理支援

　　福祉領域のどんな機関で心理職が活動を行い，その場の中でいかに心理職としての専門性を発揮しているのだろうか？　実際に活動をしている心理職が，機関の位置づけとともに，その中での心理臨床実践の在り方を事例を紹介しながら概説を行う。

1

子育て世代包括支援センター

●はじめに

　子育て支援の場では，発達の遅れや偏りが気になる子どもへの支援，育児不安や産後うつ病など親の心理状態に対する支援，虐待や DV（Domestic Violence: 家庭内暴力）といった問題を抱えるハイリスク家庭への支援など，その支援内容は多岐に渡る。支援を行う場としては，乳幼児健康診査など母子保健全般を担う市町村保健センター，子育て家庭を対象とした活動を実施したり相談活動を行ったりする地域子育て支援センター，妊娠・出産・子育てに関するさまざまな相談に応じ支援を行う子育て世代包括支援センターなどがある。ここでは，近年全国の自治体で設置が増えてきている子育て世代包括支援センターでの心理支援について述べる。

●子育て世代包括支援センターとは

　子育て世代包括支援センターは，母子保健法改正により，2017 年 4 月から市町村に設置することが努力義務とされた施設である。設置する自治体は徐々に増加しており，「ニッポン一億総活躍プラン」（平成 28（2016）年 6 月 2 日閣議決定）において 2020 年度末までに全国展開が目指されている。

　子育て世代包括支援センターの主な業務内容は，①妊産婦・乳幼児等の実情を把握すること，②妊娠・出産・子育てに関する各種相談に応じ，必要な情報提供・助言・保健指導を行うこと，③支援が必要な妊産婦・乳幼児・家庭に対する支援プランを策定すること，④関係機関との連絡調整を行うこと，である（厚生労働省母子保健課, 2017）。これにより，妊娠期から子育て期まで切れ目のない支援を提供し，育児不安や虐待の予防を目指している。

　子育て世代包括支援センターには保健師や助産師，看護師といった医療職に加えて，精神保健福祉士，ソーシャルワーカー（社会福祉士等）といった福祉職を配置することが望ましいとされている。また，医師，歯科医師，臨床心理士，栄養士・管理栄養士，歯科衛生士，理学療法士といった専門職との連携も想定されている。

●子育て世代包括支援センターにおける心理職の役割

　子育て世代包括支援センターは市町村への設置が始まってまだ間もないこともあり，すべてのセンターに心理職が配置されているわけではない。また，子育て世代包括支援センター内での心理支援の形態もさまざまであり，個別の心理相談，子育て期の親子を対象にした教室への

参加，乳幼児健診の際の助言など，各自治体のニーズによって心理職に求められる役割も異なっている。ここでは，吉田（2010）を参考にしながら，子育て世代包括支援センターの心理職に共通するであろう役割について述べる。

（1）アセスメント

　心理支援におけるアセスメントの重要性はさまざまな領域で述べられているが，子育て世代包括支援センターにおいてもアセスメントは心理職の重要な役割の一つである。アセスメントすべき内容は，子どもの発達・心理状態，親の性格や精神状態，親と子の関係性，親子をサポートしてくれる資源の有無（祖父母からの支援や地域とのつながり等），家庭の経済状況等，多岐に渡る。これらの情報を元に親子を包括的に理解し，支援方針を考えていく。

　アセスメントを行う際に考慮すべき点は，子育て世代包括支援センターでは1回から数回と短期間の支援になりやすいことである。心理支援の形態にもよるが，親子を支援する教室は回数が決まっているところが多く，個別の心理相談は継続来談が想定されていないこともある。そのため，短期間で親子をアセスメントし支援方針を決定していく力量とスピード感が求められる。

（2）心理面接・心理療法的かかわり

　個別の心理相談を実施している子育て世代包括支援センターでは，心理面接を行うことが大きな心理職の役割となる。センターの特性上，乳幼児に関する相談が多く，相談内容は子どもの発達の問題や育てにくさについて，育児不安や虐待・DV関連の問題など多岐に渡る。

　心理面接を実施する際に留意すべき点は，病院や大学の心理相談室で行われる個別の心理療法のように，内面をじっくりと扱うことは難しい場合が多いということである。なぜなら，親はセンターの心理相談に申し込む際，継続的な相談を想定しておらず，その日限りの相談と捉えている場合が多いからである。そのため，まずは地域の中で子育てについて相談できる場所があると感じてもらえることが重要である。また，「こうしてみようかな」「なんとかやってみようかな」というその人なりの子育てのヒントが一つでもみつかるような面接になるとよい。その上で，継続して心理面接を希望される場合，あるいは必要だと判断した場合は，定期的に面接を行っていく。

　また，心理面接を実施していくにあたって，心理職だけで対応できるか否かは常に考えておく必要がある。子育て世代包括支援センターの特性上，虐待・DVの問題を抱える家族の心理面接を担当することが少なくない。こういった問題に関しては，次に述べるように他職種と連携しながら心理面接を進めていく必要がある。

（3）他職種や他施設との連携・コンサルテーション

　保健師を中心にさまざまな職種が働いている子育て世代包括支援センターは，他職種とのスムーズな連携が親子の支援に欠かせない。金子（2015）も，母子保健領域において心理職と保健師が互いの専門性を理解した上で，支え合いながら機能していくことが重要だと述べている。また，関係機関と連携をとることが子育て世代包括支援センターの役割の一つとしてあげられており，心理職が支援を行う際にも必要な視点である。

　私たち心理職は，親子の心理や発達の状態を理解し，支援につなげていくことをまず考え

る。しかし，人間にはさまざまな側面があり，心理や発達というのはその人の一部分にしか過ぎない。そのため，たとえば金銭的な問題や家庭内暴力といったことが親子を支援する上で避けては通れない時，それらの問題に適切な援助ができる他職種や他施設に助言を求めたり支援を要請したりする必要がある。それとは逆に，保健師などの他職種が担当している親子に関して相談を受け心理学的な見地から助言を行うことによって，間接的に親子を支援することもできる。

◉心理支援の実際

（1）心理支援を行った場の特徴

　筆者が勤務していた自治体では，従来の保健センターが子育て世代包括支援センターの機能を担っていた。職員は保健師数名の他に，保育士，社会福祉士，事務職員，心理職（筆者）であった。センターの事業として週1日予約制で心理相談を行い，筆者と保健師1名が親子の相談にあたった。心理相談への申し込みは，広報やチラシを見て自ら申し込む人，親子の遊び場を運営している子育て支援センターの支援員から紹介されて申し込む人，定期的に親子のフォローアップを行っている保健師の勧めで申し込む人などさまざまであった。

　子育て支援の場における心理支援として，事例を紹介する。筆者が勤務していた子育て世代包括支援センターにて支援を行った事例を元に作成した仮想事例である。

（2）事例の概要

　Aの言葉の遅れ，落ち着きのなさを心配した母親が，Aが2歳6ヵ月の時に自ら心理相談に申し込んできた。

　Aは，視線は合うもののすぐに逸れ，絶えず部屋中を動き回っていた。要求は主に指さしで伝え，単語が10語程度出ているものの二語文にはなっていなかった。生育歴を確認すると，乳児期の人見知りはなく，始歩は1歳2ヵ月，始語は1歳10ヵ月，ハイハイの頃から勝手に動き回り目が離せない子で母親は大変だったようだ。

　生育歴を確認する中で，父親から母親への暴力があること，Aもそれを目撃して怯えていること，このような家庭環境がAの発達の遅れにつながっているのではないかと心配していることが母親から話された。また，落ち着きなく動き回るAへの対応や夫との関係に母親は疲弊しており，「この子と二人で消えてしまいたくなる時がある」との発言があった。

（3）支援の実際

　言葉の遅れや落ち着きのなさといったAの発達に対する支援と同時に，父親から母親へのDVという家族が抱える問題への支援，母親とAの心理状態に対するサポートも必要だと判断した。また，心理職だけで対応できる問題ではないと考え，母親の同意を得て他職種ともAと家族の状況を共有し，家庭全体の支援を行っていくことにした。

　まず，Aの発達の問題に対しては，療育支援を受けられる場所が必要だと判断した。そこで，子育て世代包括支援センター内で行われている発達支援のための親子教室を紹介し，母子で月2回通うことになった。母親は教室への参加に積極的で，毎回欠かさず通ってきた。その後，さらにAの発達を促すために，地域の療育センターに週1回通い始め，少しずつではある

が言葉が増えていった。

　次に，家庭全体が抱える暴力の問題については，心理職である筆者だけでなく，DV に詳しい専門職員のかかわりが必要だと考えた。そこで，子育て世代包括支援センター内で女性相談を担当している事務職員に情報提供を行い，どのような支援が望ましいかを検討した。後日，その職員から母親に対して，父親の言動は DV にあたること，母親が希望すれば県の女性相談センターでの相談ができること，母子生活支援施設に一時的に避難しサポートを受けることもできることが伝えられた。母親は今すぐ夫と離れて生活をすることには消極的であったが，いつでも母子で自立して生活していけるように資格を取って仕事をしたいと話した。その後，母親は A を保育園に預け，資格取得を目指して専門学校に通い始めた。

　母子の心理面に関しては，この家庭環境の中で母親と A が少しでも安定して生活していくことができるように，月 1 回心理面接を継続することにした。家庭環境はなかなか改善されないため母親からは「もう嫌だ」「しんどい」という発言が頻繁に聞かれ，時には涙することもあった。しかし，面接の最後には「とりあえず，また 1 ヵ月間は頑張る」「頑張れなくなったら，センターに電話するから」という言葉が聞かれた。定期的な面接があり自分の辛さを受け止めてもらう場があることで，なんとか踏みとどまっていることが窺われた。また，筆者からは，A のために頑張って療育センターに通っていること，将来自立するために専門学校に通うなど母親なりに行動できていることを労った。A の発達が少しずつ伸びていったこともあり，「この子が成長してくれると，こんな私でも母親としてちゃんとやれているのかなと思う」「この子も療育センターで頑張っている。私もはやく資格をとって仕事をみつけて，A と二人で家を出たい」と前向きな言葉も聞かれるようになった。

　また，A と母親にかかわる関係者・機関が多岐に渡るため，情報を共有した上で A と母親の支援にあたれるようケース会議が開かれた。子育て世代包括支援センターの女性相談担当職員が中心となり，センターの保健師，療育センターのスタッフ，保育園の園長，児童相談所の職員，筆者が出席した。A の発達，母親の心理状態，家庭の状況を共有し，A の発達を伸ばすこと，母親が不安や辛さを吐き出せる場所・相手をたくさん作ること，母親が資格を取得し母子で自立して生活していく方向で支援を行っていくことを確認した。

　最終的に，療育センターへの通所や専門学校への通学などで忙しくなり，定期的な心理面接は難しくなった。しかし，母親は保育園の園長や療育センターのスタッフとよい関係を築き，時には弱音を吐きながらも就職に向けて励んでいる。また，A はまだまだ落ち着きはないものの，二語文程度での意思表示が可能になりつつある。

◉おわりに

　子育て世代包括支援センターについてまとめ，事例を通して心理支援の実際を紹介した。前述したように，また，事例からもわかるように，子育て支援の場における心理支援は短期間での的確なアセスメントと他職種や他機関とのスムーズな連携が求められる。そのためには，子育て支援にかかわる他職種・他機関が地域の中でどのような役割を担っているのかを知っておく必要がある。それとは逆に，心理職がどのような支援ができるのかを他職種に知っておいてもらうことも，とても大切なことである。そうすることで，心理支援を必要としている親子がいた際に，スムーズに心理職につなげてもらうことができるだろう。

　子育て世代包括支援センター自体が設置され始めてまだ間もない施設であり，そこでの心理支援は手探りで行われている状況である。各市区町村の取り組みが子育て世代包括支援センターの事例集としてまとめられているが（厚生労働省母子保健課, 2020），心理職の役割や心理支援の事例報告は記されていない。今後，さまざまな実践報告が積み重ねられることで，子育て世代包括支援センター内での心理職の役割が議論され，子育て世帯に対してよりよい心理支援が届けられることを期待する。

引用文献

金子一史（2015）．第3章 出産後の家族への支援—母子保健領域での保健師との協働　本城秀次（監修）河野荘子・永田雅子・金子一史（編）心理臨床における多職種との連携と協働—つなぎ手としての心理士をめざして　岩崎学術出版社　pp.27–41.

厚生労働省母子保健課（2017）．子育て世代包括支援センター業務ガイドライン〈https://www.mhlw.go.jp/file/06-Seisakujouhou-11900000-Koyoukintoujidoukateikyoku/kosodatesedaigaidorain.pdf〉（2020年4月13日確認）

厚生労働省母子保健課（2020）．令和元年度子育て世代包括支援センターの事例集〈https://www.mhlw.go.jp/content/000608952.pdf〉（2020年10月27日確認）

吉田弘道（2010）．臨床心理士の子育て支援　子育て支援と心理臨床, 1, 50–55.

2

保育園・幼稚園・認定こども園

●はじめに

　保育園・幼稚園・認定こども園など，乳幼児が通園する福祉施設（幼稚園は教育施設に属するがここでは，対象となる年齢層が同一であることから区別して扱わないこととする）においては，第Ⅱ部にあげられた，子育て支援・虐待・障害者支援を念頭において心理支援を行うことが必要となる。対象となるのが保護を要する乳幼児であることから，乳幼児自身を観察・支援するだけでは十分な心理支援を構築することはできず，両親や祖父母などの保護者，保育士や教師との連携が重要な役割を果たすことになる。

　ここでは，①施設・組織の特徴をふまえた支援の構築，②心理支援の形態と具体的支援，③心理支援におけるポイントについて概観することにより，心理支援の実際について論じることとする。

●施設・組織の特徴をふまえた支援の構築

　保育園は児童福祉法に規定される児童福祉施設であり，幼稚園は学校教育法に規定される学校教育施設である。一方，認定こども園は，就学前の子どもに関する教育，保育等の総合的な提供の推進に関する法律を根拠法とし，平成18（2006）年に創出された新しい施設である。内閣府の示している「認定こども園概要」によれば，認定こども園は，①幼稚園的機能と保育所的機能の両方の機能をあわせもつ単一の施設で機能を果たす幼保連携型認定こども園，②認可幼稚園が保育の必要な子どものための保育時間を確保するなど，保育所的な機能を備えた幼稚園型認定こども園，③認可保育所が保育の必要な子ども以外の子どもも受け入れるなど，幼稚園的な機能を備えた保育所型認定こども園，④幼稚園・保育所いずれの認可もない地域の教育・保育施設が機能を果たす地方裁量型認定こども園の4種類がある。認定こども園は，平成19（2007）年4月に32都道府県に105園であったが，令和2（2020）年4月には47都道府県に8,016園となり，その数を増大させてきた。

　これらの施設における「保育」，あるいは，「教育」はどのように定義されているのかをみてみよう。まず，「保育」とは，児童福祉法第6条の3第7項で規定され，保護者の労働又は疾病その他の事由により，家庭において保育を受けることが困難な乳幼児について，主に昼間，保育所，認定こども園において一時的に預かり，必要な保護を行う事業である。一方，「幼稚園における教育」とは，義務教育以降の基礎を培うものとし，幼児を保育し，幼児の健やかな成長のために適当な環境を与え，その心身の発達を助長することを目的とするものとして学校教

育法第 22 条で規定されている。また，この目的を実現するため，同第 23 条で，①健康，安全で幸福な生活のために必要な基本的な習慣を養い，身体諸機能の認知的調和を図ること，②集団生活を通じて参加態度を養い，自主，自律，協同の精神や規範意識の芽生えを養うこと，③身近な社会生活，生命，自然に対する興味，それに対する正しい理解と態度，思考力の芽生えを養うこと，④日常会話や絵本，童話等に親しむことを通じて，言葉の使い方を正しく導き，相手の話を理解しようとする態度を養うこと，⑤音楽，身体表現，造形等に親しむことを通じて，豊かな感性と表現力の芽生えを養うことを具体的な教育の目標として達成するよう明文化されている。つまり，法的には「保育」は家庭保育を補うことが目的とされ，乳幼児に対して必要な保護を行う観点から定義され，「教育」は義務教育の基礎となる心身の発達を助長する目的で，乳幼児自身を健全に育成する観点から定義されていることが理解されよう。しかしながら，保育所保育指針（平成 29 年 3 月 31 日 厚生労働省告示第 117 号）で定められる「保育」の目標は，豊かに伸びていく可能性を秘めている子どもが，現在をもっともよく生き，望ましい未来をつくりだす力の基礎を養うこととされ，具体的には乳幼児に対して，①くつろいだ雰囲気の中で，さまざまな欲求を適切に満たし，生命の保持や情緒の安定をはかること，②健康，安全など生活に必要な基本的な習慣や態度を養い，心身の健康の基礎を培うこと，③人に対する愛情，信頼感，人権を大切にする心を育て，自主協調の態度を養い，道徳性の芽生えを培うこと，④生命，自然，社会の事象についての興味や関心を育て，豊かな心情や思考力の基礎を培うこと，⑤言葉への興味や関心を育て，豊かな言葉を養うこと，⑥さまざまな体験を通して，豊かな感性や表現力を育み，創造性の芽生えを培うことが目標とされている。また，保護者に対しては，その意向を受け止め，子どもと保護者の安定した関係に配慮し，保育所の特性や保育士等の専門性を活かしてその援助にあたることが目標とされている。つまり，機能的側面を検討した場合，保育所における「保育」と学校教育法に記された「幼稚園における教育」の目標はかなり重複した内容となっていることを理解することができよう。また，認定こども園が創設されたことに伴い，「保育」と「教育」の機能は別々に提供されるものではなく，融合的に提供されるものであることが，明示されるようになってきたのである。

　また，これらの施設で行われる保育（以後，「幼稚園における教育」の機能を包括した内容を保育として記す）の形態についても概観しておこう。まず，対象となる乳幼児の発達段階をふまえると，同じ年齢集団の中で乳幼児を保育する同年齢（横割）保育と異年齢（縦割）保育がある。前者は低年齢であるため発達差が大きい乳幼児に対して同じ発達段階にある乳幼児の集団の中で行われるため，特に安心感と仲間意識を育てることが可能であるのに対し，後者はその発達差を活用し集団を構成するため，きょうだい関係，男女の保育士を配置することによる家族関係のような小集団的体験をすることにより，長幼の序のような役割分担や先の見通しを学ぶ経験が培われる。この集団構成は，必ずしも固定的ではなく，日中の保育は原則として同年齢保育を行うが，早朝・夕方やいわゆる夏季休業期間における保育の際には異年齢保育を行うように混合して実践される場合も少なくない。つぎに，対象となる乳幼児の個人差をふまえると，障害のある乳幼児を定型発達の乳幼児集団に含めて行われるインクルーシブ保育または統合保育と，障害のある乳幼児集団の中に定型発達の乳幼児を一部含める逆統合保育，障害のある乳幼児と定型発達の乳幼児を別々に保育する分離保育がある。障害児保育は 1974 年 12 月に厚生省児童家庭局長より「障害児保育事業の実施について」（児発 772）が通達されたことにより全国的に取り組みが推進され，以後，統合保育，インクルーシブ保育として全国に展開さ

れるようになった。また，幼稚園や認定こども園においても，平成 17（2005）年 12 月中央教育審議会において「特別支援教育を推進するための制度の在り方について（答申）」が取りまとめられたことを契機として整備が進んだことにより，①園内委員会の設置，②特別な教育的ニーズのある乳幼児の実態把握，③特別支援教育コーディネーターの指名，④「個別の指導計画」「個別の教育支援計画」の作成，⑤教員・指導主事による巡回相談の実施，⑥教育委員会関係者，教員，心理学の専門家，医師等の専門的知識を有する者から構成される専門家チームの組織，⑦障害理解や特別支援教育にかかる研修などが全国的に展開されるようになってきている。

　このように，支援者は各施設の法的根拠や保育目標を理解した上で，そこで営まれる保育の実践に関して，臨床心理学的視点を用いて，子ども自身の発達や障害，子どもと他児との仲間関係，子どもと父親・母親との親子関係の特徴，保護者の保育上の課題，保育士・教師の保育・教育上の課題や悩み，などをアセスメントした上で，支援を構築することが必要になる。

●心理支援の形態と具体的支援

　これらの施設において保育を受ける乳幼児を支援するにあたって，心理職は具体的にどのようなかかわりをするのかを紹介しよう。現状では，施設独自に臨床心理士や公認心理師などの心理職を常勤の形態で雇用することは稀であろう。心理職がかかわる立場として，当該施設のある自治体の発達支援センター所属の心理職や県や市の保育スーパーバイザー，特別支援教育巡回相談員，障害児就学指導員会の構成員，当該園と個別契約をしたスーパーバイザーなど，さまざまな形態が想定される。その点では，心理職がその研修の過程で学んできた，個人心理療法や並行心理面接のような，特定の対象と特定の面接場所で営まれる時間的・空間的に構造化された枠組みの中での取り組みとは大きく異なる支援形態をとることを理解する必要がある。これらの園には，いつも相談者が利用できるような相談室は確保されていないことも多く，支援の場は，保育室やスタッフ室であることが通常である。また，心理支援の対象も，乳幼児本人だけではなく，保護者を中心としたその家族，当該乳幼児のクラスに在籍する乳幼児，保育士（教師，以後省略）など，さまざまである。

　まず，これらの施設で心理職としてもっとも数が多いと考えられる統合保育（障害児保育）や特別支援教育のスーパーバイザー・巡回指導員の場合には，年に決められた複数回担当園を巡回し助言指導するようなかかわりの中で心理支援を行うことになる。そのため，半日〜1日の日程で，対象となる園児のクラスの 30 分〜1 時間程度保育場面の観察，一人あたり 20 〜 30 分程度の保護者面談に加え，一クラスあたり 20 〜 30 分程度の担当保育士とのコンサルテーションなどを要領よく行う必要がある。対象児が複数いる場合には，たとえば，1 日で対象の 5 名の園児のいる 3 クラスの保育場面の観察を行い，たてつづけに 5 組の保護者面談，3 クラスの担当保育士との面談を行うというような形となる。このような，巡回指導形態で心理支援が行われる場合には，対象となる乳幼児の発達の経過，障害の特性，保育課題や，保護者の相談したい内容などが事前に送付されており，心理アセスメントに関するいくつかの仮説と観察・面談における心理支援の方針をもって巡回指導に臨むことになる。巡回指導を担当する園に到着したら，始めに行われる園長や主任との面談において，それらの仮説や心理支援方針のポイントを絞ったり，修正したりする作業を行い，情報を整理しながら保育室に向かう。そして，

五感をフル活用し，対象となる園児とクラスの仲間関係，担当保育士との関係，保護者が保育場面の様子を共に観察する場合には，園児を見守る保護者の園児や他児とのかかわりやまなざしについて観察し，対象児の発達課題，仲間関係や保育士との関係におけるポイントなどを見極め，後の保護者面談・保育士とのコンサルテーションで共有できる情報を整理していくこととなる。保育場面では，実際にクラスの園児に話しかけたり，遊びのなかに混じったりしながら，粗大運動や目と手の協応などの運動，日常生活動作（ADL: Activities of Daily Living）や大人・子どもとのかかわりなどの社会性，理解と表出からみた言語などの側面から発達課題や対象児を取り巻くクラスの状況を確認する。保護者との面談では，観察された対象児についてポジティブな情報を伝達することにより保護者とラポールを形成し，その上で家庭での対象児の様子や，保護者の抱える家庭保育上の課題や親としての悩みなどを聴取し，その解決の手がかりをともに探求する作業を行い，次回の巡回相談の機会までに期待される取り組みや発達の見通し，個別の保育（教育）支援計画・個別の保育（教育）指導計画作成のポイントなどを確認する。そして，保育士との面談では，保育場面で観察された事象や，保護者との面談を振り返り，保育士として対象児とかかわる上での課題や，保護者面談では扱われなかった課題などについて聴取し，長期的な見通しを整理した上で，次回面談までに取り組むことが期待される当面の課題を整理することとなる。

　次に，施設が独自に週1回〜月1回程度のペースで非常勤の形態で心理職を雇用する形での統合保育スーパーバイザー，または保育心理士の行う心理支援について触れておきたい。筆者は3年間にわたり週1回の勤務形態で，3歳以上児クラスで縦割保育を実践する保育園で統合保育スーパーバイザーを担当した経験があるが，週1回に1クラスずつ巡回する形で8クラスすべてに入り，対象となる障害児や情緒的・行動的な課題のある園児を中心とした保育場面の参加観察を行い，クラスで園児とともに給食を食べ，園児のお昼寝中には保育士と園児や保護者について情報交換を行っていた。また，園児の保護者や保育士から面談の要望があれば，スタッフ室の一角で面談を行った。また，障害のある園児の保護者会を担当保育士1，2名とともに運営し，年4回の全体会，年3回の保護者通信の作成に携わった。この保護者会では，障害のある園児は保育園内ではマイノリティであるために，保護者が家庭保育上の悩みを他の保護者と共有しにくかったり，障害があるために生じる仲間関係形成上の課題などについて率直に意見交換したりする場として機能しており，活発な活動が展開されていた。時には，保育士に対する要望などが話題となり，統合保育を園内で展開する上での課題が熱く議論され，保育園内での支援方法が転換されるというようなことも体験した。さらに，市から派遣される統合保育巡回指導のアレンジを任されていた。そのような意味においては，非常勤という勤務形態や臨床心理学を専門とする心理職であるということから，当該園に雇用された立場でありながら，外部性を担保しており，保護者との面談においては，保育士が直接保護者に伝えるには抵抗があること，よりよい協力関係を構築することを阻害しかねない保護者の率直な気持ちなどを伝達するというような役割を担っていたと思われる。また，保護者会においても，障害のある園児の保護者対保育士という対立的な構図となることを避け，両者の関係を中立的な立場からとりもつという調整弁のような機能を担うこともあった。また，多忙な保育士が，日常の保育や季節行事に向けた準備や片付けに追われるなか，客観的な立場で作成する障害児の保育についての記録や保護者通信を作成することは，多忙な保育士の事務処理という役割の一端を担うという機能もあったのではないかと思われる。

　さらに，第Ⅲ部6章に概説される児童発達支援センターの心理職が相談対象としている乳幼児の園を訪問し，巡回指導を行うことがあるが，その場合には，すでに対象となる乳幼児と保護者との心理支援が行われており，そのサービスの一環として保育場面の観察をし，保護者に助言指導を行ったり，担当保育士にコンサルテーションを行ったりするものであり，この場合には，継続的な支援の中で，個別や小集団での療育場面との相違や，生活場面での対象児の姿を観察し，保育士と直接面談することにより，総合的な支援を構築することにつながるが，詳細は第6章にゆずり，ここではその意義を記すにとどめることとする。

　なお，統合保育スーパーバイザーの心理支援について，障害のある子どもの理解，障害特性と発達課題，家族の理解，共に育ちあうクラスや各年齢集団における保育実践など各観点における詳細は蔭山（2006）を参照されたい。

◉心理支援におけるポイント

　前節では，保育園・幼稚園・認定こども園における支援の形態と具体的な支援の内容について概観してきたが，最後にこれらの支援において重要なポイントを整理しておきたい。

　まず，これらの施設は，支援の対象となる乳幼児が毎日のように過ごしている日常生活の場であるということである。医療機関，教育相談機関でプレイセラピーや心理面接を担当していると，対象児が日常生活の場ではどのような表情でクラス仲間と過ごし，担当保育士とコミュニケーションをとっているのか，想像することが難しいケースに遭遇する。はにかみ屋で，担当者に「お姉さん」「先生」など声をかけることもできないような園児が，保育場面では保育士に暴言を吐いたり，物を投げたり噛みついたりするなどの行動をすることがないわけではない。心理職がそうした生活場面に足をふみ入れ，参加観察により一次的な情報を収集することは非常に意義深いことである。また，生活の場である園では，毎日の生活のサイクルがあり，月ごとの，あるいは年間の行事が設定されている。保育士や教師は，日常的な保育場面だけではなく，行事など非日常的な場面における乳幼児の姿に接しており，複合的に乳幼児の姿を描き出すスキルを有している。心理職が園児と保育の場で直接かかわり，それらの情報を肌で感じ，保護者や担当保育士，園長とコミュニケーションをとることによって総合的に乳幼児のアセスメントを行い，発達の見通しをもってかかわることで，保育における保護者と保育士の連携を橋渡しする機能がある。これは，前節で述べた心理職の外部性や専門性によって担保されるものであろう。一方，これらに対して気をつけなければならないことは，ハード面で構造化された枠組みが弱いことにより，対象児や家族の個人的な情報が外部に漏れたりすることのないように最低限のソフト面での構造化を意識する必要がある。クラスに入って参加観察を行う際にも，対象児とばかりかかわるのではなくまんべんなくクラスの乳幼児と接する中で情報収集を心がける必要がある。社会的な刺激に敏感で新奇場面が苦手な乳幼児に対しては，場合によっては直接かかわることを避け，担当保育士とのかかわりを観察するにとどめるなどの配慮も必要になってくる。また，乳幼児自身の発達段階や障害の特性だけではなく，保護者の障害受容や子どもの理解の程度，保護者自身の心理特性などにも十分配慮する必要がある。心理職の立場から心理支援を行っているつもりであっても，保護者は十分に受け止められず，面談が外傷的な体験となってしまうことも生じうることを念頭に置き，対象児や保護者，担当保育士に対する尊敬の気持ちを忘れてはならないことはいうまでもない。そのため，具体的には，①

主訴の背景にある対象児のニーズを理解し，保育課題を共有する，②対象児の行動のポジティブな側面をフィードバックする，③保護者・保育士との連携における役割分担を考え，共有する，④短期的（1〜3か月）・長期的（卒園時・就学後まで）な見通しをもって関わる，⑤保護者の心情や障害受容の状況も含めて理解し，共感しようと努める，⑥保護者，保育士の願いや取り組みをきちんと評価し，確認しつつ支援を構築することが重要である。

引用文献

藤山英順（監修）（2006）．統合保育の展開─障害の子と育ちあう 第2版　コレール社

厚生労働省（2017）．保育所保育指針〈https://www.mhlw.go.jp/web/t_doc?dataId=00010450&dataType=0&pageNo=1〉（2020年3月1日確認）

厚生労働省（2017）．認定こども園に関する状況について（令和2年4月1日現在）〈https://www8.cao.go.jp/shoushi/kodomoen/pdf/kodomoen_jokyo.pdf〉（2021年4月30日確認）

文部科学省（2019）．　幼稚園教育要領（平成29年3月告示）〈https://www.mext.go.jp/a_menu/shotou/new-cs/1384661.htm〉（2020年8月20日確認）

内閣府　認定こども園概要〈https://www8.cao.go.jp/shoushi/kodomoen/gaiyou.html〉（2020年3月1日確認）

内閣府（2019）．都道府県別認定こども園の数の推移（平成19年〜31年）〈https://www8.cao.go.jp/shoushi/kodomoen/jouhou.html〉（2020年3月1日確認）

総務省行政管理局e-Gov法令検索　学校教育法〈https://elaws.e-gov.go.jp/search/elawsSearch/elaws_search/lsg0500/detail?lawId=000000026#B322AC0000000026#Bdetail?lawId=322AC0000000026#B〉（2020年3月1日確認）

3

乳児院

◉乳児院とは

　乳児院とは，さまざまな理由で保護者が育てることができない乳幼児が生活をする施設である。入所している子どもの年齢は0歳から2歳が多いが，場合によっては就学前まで入所することもある。子どもたちは24時間を乳児院で過ごし，授乳，睡眠，入浴，排泄など，生活のすべてをそこで働く職員と共にする。入所の理由は，保護者の身体精神疾患，金銭的困難，虐待，若年出産など多種多様である。しかしながら，入所理由の如何にかかわらず，乳児院に入所する子どもたちの多くは，家庭で安心安全な生活を送ることができなかったという点で共通している。不安定な体験してきた子どもたちに対し，乳児院は肉体的にも精神的にも安定し安心できる生活を提供するという役割を担っているのである。

　乳児院は，歴史的には戦争孤児の養育の必要性から生まれた。一昔前までは，少数の職員が大勢の乳幼児を養育するという，大舎制養育の施設が大多数であった。しかし，近年の愛着研究により，乳幼児期における愛着形成の重要性が着目されるようになり，乳児院での養育も，今までの大舎制養育から，少数の乳幼児を少数の大人が養育するというユニット制養育へと舵が切られている。また，2017年に厚生労働省の新たな社会的養育の在り方に関する検討会において新しい社会的養育ビジョンが発表され，今後さらなる個別的ケアが目指されていくものと考えられる。このように，乳児院は，現在に至るまで子どものよりよい成長発達を目標に変化を続けているが，その実情を外からうかがい知ることは難しい。そこで，私が働いている乳児院ほだか（以下ほだか）での実践をもとに，乳児院とはいったいどのような場所であるかを愛着形成の視点から紹介し，乳児院で働く心理職の役割について考えていきたい。

◉乳児院心理職の仕事

(1) 心理職に求められる役割

　1999年に児童養護施設に心理職の配置が始まり，2001年に常勤配置が可能となった。乳児院においても2006年に心理職の常勤配置が可能となったが，当初は児童養護施設における役割をモデルとした配置であった。しかし，実際に乳児院の心理職に求められている役割は，児童養護施設とは大きく異なる。児童養護施設においては，心理療法を用いた生活外での心理的支援が主眼に置かれることも多い（井出，2012）。しかし，乳児院は日々の養育の中で子どものもっとも基礎的な部分を育む場所であり，3歳未満の子を対象としているために年齢的にも心理療法の適応外であることも多い。そのため，個別の心理療法を，それぞれの子どもに対して

提供するのではなく，他の職員とともに生活の中で子どもを支えながら心理的なケアを行って
いくことが心理職には求められている。本章では，乳児院心理職の仕事として，アセスメント
を中心として述べる。

(2)　アセスメント

　乳児院に入所となる子どもたちは，複雑な家庭環境に置かれており，不適切な養育体験が身
体・心理発達に影響を与えていることが多い。激しい虐待を受けてきた場合，低年齢でありな
がら自傷他害がみられ，激しい試し行動や枠破りがみられることもある。そういった子どもた
ちに対しては，チームが一丸となって一貫した対応方針の下で養育をする必要があるが，子ど
もの状態像が不透明であると対応に一貫性がなくなり，現場職員もどうしてよいかわからず疲
弊してしまう危険性も高い。そのため，心理職は，子どもの状態像をアセスメントし，子ども
の反応や行動の理解のための指針を示し，支援の道筋を立てる中心的な役割をとる必要がある。
　乳児院は多種多様な専門職が働いており，何を子どもの姿から捉えるのかは専門性によって
異なるものとなる。それぞれの専門職からの視点を統合し，子どもの全体的な姿を複合的にア
セスメントしていくことが重要である。その中で，心理職の役割は，主に発達面，心理面から
子どもをアセスメントしていくことである。アセスメントの際には，発達検査など標準化され
たツールを用いた評価を行っていくことも必須である。発達検査を用いることで，日常生活か
らは捉えることが難しい本人の特性や，発達のアンバランスさを捉えることができる。数字と
いう明確な形で示すことができるため，子どもの発達に対する職員間の認識のずれを少なくす
るために有用である。また，心理職自ら養育現場に入り，直接子どもと関わることで，大人や
子どもとの関わりの様子，遊びのレベル，生活自立の程度などから，言葉や社会性の発達のレ
ベルなどを見立てることもできるだろう。また，「場」に入るからこそ，子どもとの関わりの
中で，職員がどんな感情を触発され，場の中で何が起きているのかを理解することも可能とな
る。乳児院の中では愛着形成が養育の一つの目標となってくるが，子どもの愛着形成は目にみ
える形ではわかりにくく，職員が自分の関わりがこれでいいのか不安感を抱いていることもあ
る。子どもの行動を愛着という観点から捉えなおし，職員にフィードバックすることで，職員
が安定して子どもと関わることを支えることも可能となる。
　アセスメントの際には，特に，DSM-5（American Psychiatric Association, 2013）における
自閉スペクトラム症（ASD: Autism Spectrum Disorder）を中心とした発達障害の特性からく
るものと，反応性愛着障害（RAD: Reactive Attachment Disorder）の症状としてみられる行動
を鑑別して捉えることも非常に重要である。乳幼児期において，社会的コミュニケーションの
困難さを主とする ASD は，言語発達の遅れ，指差し・共同注視が困難であるといった特徴や，
常同行動と自分が予期しないことに直面したときにパニックを起こすといった行動がみられる
ことがある。そうした特徴は，発達検査等の結果では，通過不通過のばらつきとしてみられる
ことも多い。一方で，それらの症状は RAD の児にも同様にみられることがあり，判断に困る
ことがある。このように，ASD と RAD は似たような症状がみられるが，子どもの体験内容は
大きく異なり，必要な支援も違ってくるため，慎重なアセスメントが求められる。乳幼児期は
変化の大きい時期であり，養育環境によって大きく発達する可能性を秘めている。また，乳幼
児期の発達は子どもによって千差万別であり，目まぐるしい発達を遂げることも多いため，長
い目で発達を見守るという姿勢も必要である。

●乳児院での心理支援の実際

　「ほだか」は名古屋市にある乳児院の一つである。定員は15名で，子どもたちはそれぞれ四つのユニット（部屋）に分かれて生活している。ユニット内には，キッチン，トイレ，お風呂が備え付けられており，子どもたちが家庭的な雰囲気の下で生活できるよう配慮されている。職員構成は，保育士，看護師，栄養士，社会福祉士，家族支援専門相談員，里親支援専門相談員，臨床心理士と多分野の専門職が協働している。また，担当養育制を採用しており，子どもと担当養育者の愛着形成にもっとも力を入れている。集団での生活であっても個別対応を基本とし，子どもの欲求と個別のニーズが十分に満たされるように配慮している。

　乳児院における養育の実際を，事例を用いて紹介したい。なお，本事例は複数の事例を組み合わせた仮想事例である。

（1）食事場面で硬直してしまう男児A

　Aは，2歳6ヵ月で身体的虐待によって一時保護された男児である。運動発達に大きな遅れはみられなかったが，痩せ気味で体は小さくネグレクトの可能性も考えられた。言語能力は，二語文が若干みられる程度で，全体的に不明瞭で聞き取りづらく，職員に自ら要求を出すことはほとんどない。他児の動作模倣はみられるが，一つの遊びに集中して取り組むことができずに遊びを転々と変え，好きなおもちゃなどもない状況であった。

　Aにもっとも特徴的であったのが，職員から関わられることで起こる硬直反応であった。職員がAの意に反した動きをすると，一切の表情がなくなり，一点を見つめて固まってしまうのである。それは食事場面において顕著であり，硬直は10分以上続き，椅子から降りることができずに呆然と座り続けることもあった。しかし，食事を終了すると，パニックのように大泣きすることが多く，Aの行動に職員は疲弊することになった。また，入所当初から，職員を突然叩く，つねるなどの行動が多くみられた。入所当初に心理職が発達のアセスメントをするために新版K式発達検査を実施したところ，全体的に平均の下に位置しており，言語社会領域が年齢よりも大きく低く，認知適応領域の間にアンバランスさが認められた。

　Aの言葉の遅れや落ち着きのなさ，遊び場面における集中力の乏しさは，発達障害の特性を感じさせるものであった。一方で，Aは過酷な虐待を経験しており，食事場面での硬直反応や落ち着きのなさは，そういった被虐待体験から引き起こされているものであることも考えられ，Aの姿をどう捉えていいのか職員も戸惑いを感じていた。特に食事場面は一般家庭においても緊張状態が生まれやすく，Aは食事の際に母親から身体的虐待を受けていたと考えることも可能だった。食事はAとっては緊張感が高まる場面であり，職員からの制止が家庭での体験とつながり，ネガティブな情緒を喚起している可能性があった。現場職員と心理職でAの行動や反応をどう理解したらいいのか，お互いの見立てを共有した結果，Aの反応や行動の背景に発達障害の可能性が否定できないものの，Aの硬直反応はフラッシュバックによる乖離症状である可能性が高いと考えられた。その結果を踏まえて，食事場面においては自立やしつけを優先させるのではなく，穏やかで楽しい雰囲気の中で安心して食事ができることを意識して関わるように対応を統一して行うことになった。

　また，Aの叩く，つねるという行動は，家庭で受けた被虐待体験を職員との間で再演しているのではないかと職員の間で話し合いが行われた。児童相談所から報告された概要だけでは，

家庭での養育環境がどうであったのか十分明らかにはできなかったが，Aの姿からは，Aにとって家庭は，いつ叩かれるかわからない混沌とした環境であったのではないかと推察された。緊張感を高くもち続ける中での育ちが影響して，落ち着きのなさにつながっているのではないかとアセスメントし，その結果を，職員との間でも共有した。しかし，日々の生活の中で，Aの行動によって職員はさまざまな思いを揺さぶられやすく，心理職は，何度もAにとって安心安全な環境を提供し，愛着形成を行うことが大きな課題であることを職員全体で確認をしていった。具体的な対応として，養育の場では，Aにとって次に何が起こるのか予測ができるように対応を行い，Aが他児や職員を叩いたりつねったりといった不適切な行動をした場合も，感情的に叱るのではなく，一貫した穏やかな態度で関わることを職員で統一し，普段の生活が安心・安全なものとなるように丁寧に繰り返していくことを続けた。Aが乖離に陥ったり，パニックになった時には，抱っこをしたり，次の活動へと切り替えることができるような声かけをしたりすることで，Aが職員との関わりの中で感情を回復できるように対応を行っていった。

　Aは自ら職員を求めることは少なかったが，次第に担当の職員との間で愛着関係を形成し始めていった。それと同時に，自分でどうしていいかわからないときにはその職員を求めて泣く姿や，職員が他児と関わっているとすねるような行動がみられるようになっていった。食事場面での硬直もだんだんと少なくなっていった。一方で，食事中に「食べる」と言ったにもかかわらず遊んでいてまったく食べようとしない，職員が介助しようとすると「食べない」といって顔をそむけるといったような試し行動が非常に激しくなっていった。再び職員に，心理側から見立てとして，関係ができているからこそ試し行動が出てきているのではないかと伝え，試し行動を受容していくことを土台としながら，ペアレント・トレーニングの技法などを用いながら行動を枠づけていけるように対応を統一した。たとえば，Aは掃除や食事の準備などのお手伝いをすることを好んでいたため，そういった場面に注目し褒めることで，肯定的な関わりを増やし自信につなげられるようにしていった。3歳6ヵ月頃に実施した新版K式発達検査では，言語社会領域が大きく発達し，アンバランスさは小さくなり平均的な発達へ近づく結果となっていた。

(2)　乳児院での愛着形成

　前項で紹介した事例Aは，乳児期を家庭で生活し，2歳を過ぎてから乳児院へやってきた。Aは，入所時には言語発達の遅れがみられ，食事場面の硬直も，RADの症状としての乖離なのかASDの特性からくるパニックであるか判別が難しかった。しかし，生育歴の中で認められた身体的虐待やネグレクトの所見から，Aの症状は，RADからきているのではないかと考え，愛着形成を何よりも重要視して養育を行っていった。一年間のほだかでの生活で言語発達がみられ，対人関係のあり方も大きく変化していったことからも，虐待がAの発達に影響を及ぼしていたのだと考えられる。Aのように，2歳を過ぎて乳児院に入所となってくる子どもは，家庭で適切なケアを受けることができておらず，親密な大人との間に十分な愛着関係を築いていけていない状態であることが多い。乳児院の役割は，こういった子どもたちの安心安全の家となり，温かな触れ合いを通して特定の誰かとの間の愛着形成を促進していくことである。

　ボウルビィ（Bowlby, 1969）は，危険からの保護を目的とし，主たる養育者と接近する乳幼児の生得的な機能として，愛着の重要性を提唱した。愛着は，自己と他者に対する基本的信頼感をもたらし，身体・精神的健康や人間関係の形成にも重要な役割をもっているといわれてい

る（遠藤，2018）。愛着は乳幼児と養育者の相互作用の中で育まれるとされているが，その際に重要となってくるのが，養育者の敏感な応答と共感であることが指摘されてきた（蒲谷・小山，2018）。つまり，養育者が乳幼児の気持ちに寄り添い，何を欲しているのかを敏感かつ適切に察知し，応えるという営みが愛着形成を促進していくことにつながっていく。

　Aは，当初誰かとの関係の中で気持ちを落ち着かせることができなかった。また，食事場面での乖離が激しく，落ち着きのなさが目立っていた。職員との関わりでは，自分の思い通りに大人が動いてほしいという思いが強く，異なる要求を立て続けに行い職員を振り回す場面が多々みられた。Aは，不安感や緊張感が高く，大人を自分の思い通りに動かすことで，身を守ろうとしていたと考えられる。職員は，人との関係の中で安心することができないAの生きづらさを理解し，Aにとって安心して一緒にいることで落ち着くことができる大人になれるように関わっていった。食事場面では，Aの緊張感を和らげるために職員は笑顔で話しかけ，コミュニケーションの中で楽しく穏やかに食事ができるように心掛けた。パニック時は，落ち着くことができるように抱っこをして背中をさすり，Aの気持ちを代弁することで気持ちを整理することができるように努めた。Aは，少しずつではあったが，職員と安心してゆったりとした時間を過ごすことができるようになり，関わりの中で落ち着くことができるようになっていった。心地よい楽しい体験を積み重ねていく中で，他者との豊かな関わりに向かうことができたと思われる。Aは，乳児院での生活で，乳幼児期に十分保証されることのなかった応答的な関わりを経験し，担当職員を中心として，信頼できる他者との間に，愛着を形成していくことができたのではないだろうか。

　このように，乳児院の生活は，子どもと職員の多種多様な相互作用によって成り立っている。食事，排泄，入浴，睡眠と生活のすべてが温かなコミュニケーションを基盤としており，愛着形成を目指した養育が日々行われているのである。

●おわりに

　乳児院には，子どもの育ちの保証と同時に，家族再構築や子どもの育ちをつなげるといった機能も求められる。今回は事例をもとにアセスメントを中心として述べたが，家族支援も心理職の重要な役割である。さらに，今後，里親委託の増加とともに，里親支援もより一層必要になっていくだろう。また，乳児院の多機能化が進むことで，心理職の役割も多様化していくと考えられる。乳幼児期は人生の基礎となる重要な時期である。そういった点から，乳児院における心理職の必要性は，今後ますます大きくなっていくものと考えられる。この先も，乳児院が子どもたちを守る家として機能し，笑顔が絶えることなく，温かく穏やかなふれあいが続くことを切に願う。

付　記

本稿は，筆者の前職場である，乳児院ほだかでの実践をまとめたものである。いつも健やかな笑顔を見せてくれた子どもたち，そして共に働いた職員の皆様に深く感謝申し上げます。

引用・参考文献

American Psychiatric Association (2013). *Diagnostic and statistical manual of mental disorders* (5th ed.).Washington, DC: American Psychiatric Publishing.（日本精神神経学会（日本語版用語監修）高橋三郎・大野　裕（監訳）（2014）．DSM-5—精神疾患の診断・統計マニュアル　医学書院）

Bowlby. J.（1969）．*Attachment and Loss,Vol.1 Attachment.* New York: Basic Books.（黒田実郎・大羽　蓁・岡田洋子・黒田聖一（訳）（1976）．母子関係の理論第 1 巻　愛着行動　岩崎学術出版社）

遠藤利彦（2018）．アタッチメントが拓く生涯発達　発達, **153**, 2–9.

井出智博（2012）．児童福祉施設における心理職の現状　増田　高・青木紀久代（編著）社会的養護における生活臨床と心理臨床』　福村出版　pp.41-57.

蒲谷槇介・小山悠里（2018）．アタッチメントを支える養育者の心と関わり　発達, **153**, 17–23.

厚生労働省 新たな社会的養育の在り方に関する検討会（2017）．新しい社会的養育ビジョン〈https://www.mhlw.go.jp/file/04-Houdouhappyou-11905000-Koyoukintoujidoukateikyoku-Kateifukushika/0000173865.pdf〉（2020 年 3 月 23 日確認）

4

児童養護施設

●児童養護施設とは

　児童養護施設とは，児童福祉法第 41 条にて，「保護者のいない児童（乳児を除く。ただし，安定した生活環境の確保その他の理由により特に必要のある場合には，乳児を含む。）虐待されている児童その他環境上養護を要する児童を入所させて，これを養護し，あわせて退所した者に対する相談その他の自立のための援助を行うことを目的とする施設とする」と定められている。

　児童養護施設は全国に 615 ヵ所あり，そこで約 2 万 5 千人の子どもが暮らしている。児童養護施設の形態は，大舎（定員 20 人以上で生活する様式），中舎（定員 13 ～ 19 人で生活する様式），小舎（定員 12 人以下で生活する様式）に大きく分けられる。近年，施設の小規模化が推進されており，小規模グループケア（定員 6 人以上 8 人以下で生活する様式）や，地域小規模児童養護施設（定員 6 人で生活する様式。地域の民間在宅等を活用して家庭的養護を行う）といった定員がより少ない形態が増えている。施設の職員は，施設長をはじめ，児童指導員・保育士（生活担当職員），栄養士，家庭支援専門相談員，個別対応職員，心理療法担当職員など，さまざまな専門職が配置されており，チームで子どもの養育・支援を行っている。

　厚生労働省（2017）が示した「新しい社会的養育ビジョン」では，施設の小規模化に加え，施設の多機能化・機能転換（入所ケアの高度化，家庭復帰児童養育支援機能，一時保護・ショートステイ機能など）が推進されており，児童養護施設はより高度な専門性が求められている。

●入所する子どもの特性

　厚生労働省（2020）によると，児童養護施設には虐待を受けた子どもの入所が増加しており，その数は 65.5% に上る。心身の状態に何らかの障害をもつ子どもの割合も 36.7% とされ，精神的・情緒的な安定が職員の指導上特に留意している点としてあげられている。

　西澤ら（1999）は，児童養護施設に入所している子どもは，一般家庭の子どもに比較して不安症状と易怒性が強く，中でも，虐待を受けた子どもは，虐待以外の理由で施設生活をしている子どもよりも易怒性が強いことを指摘している。坪井（2008）もまた，児童養護施設に入所している子どもは，一般の子どもに比べて行動や情緒の問題が大きく，特に虐待を受けて施設入所している子どもは，「社会性」「注意の問題」「非行」「攻撃性」などの問題を抱えていることを明らかにしている。

　また，行動や情緒の問題に加え，学業上の困難が指摘されている。児童養護施設に入所する

子どもの 36.5% は，学業の状況に遅れがあるとされる（厚生労働省，2020）。小中学生の 2 割以上が特別支援学級や特別支援学校等に在籍するなど，特別支援教育を必要とする子どもの入所率の高さや，高校・大学からの中退および就職先からの離職の高さが示されている（柴田ら，2018）。

　さらには，杉山・海野（2009）は，児童養護施設は性的な問題が起きるハイリスク集団であり，性的被害を受けた子どもが加害者になるという「性的虐待の連鎖」について指摘している。柴田ら（2019）の調査からも，児童養護施設という場は性的な問題が起きやすいことが明らかにされているが，これらの問題の背景には，「他児を支配したり，他児に依存をするといった，子ども間の支配と被支配の対人様式の表れ」といった子どもの特性があることが示唆されている。

●児童養護施設における心理職の位置づけ

（1）心理職配置の歴史

　現在の児童養護施設の起源といわれる岡山孤児院が設立されたのは，1887（明治 20）年である。当時は，孤児や貧児等の児童救済が施設の目的とされた。そして，児童養護施設は歴史的変遷を経る中で，虐待を受けた子どもの入所率が高くなり，子どもの心的外傷（トラウマ）等への心理的ケアが求められた。このような状況を受け，被虐待児への心理治療を目的として，1999（平成 11）年に，児童養護施設に心理療法担当職員が配置された。当初は，非常勤職としての配置であったが，2006（平成 18）年には常勤配置となり，2011（平成 23）年にはその配置が義務化されるようになった。

（2）心理職の役割

　児童養護施設の心理職の役割は多岐に渡るが，主に，①心理アセスメント，②個別心理療法，③生活場面面接，④集団療法的アプローチ，⑤心理コンサルテーションと連携，⑥ケアワーカーの心のケア，⑦家族支援，の 7 点に集約される。

　心理職は，入所する子どもの心理検査，行動観察，生育歴の聴取などを通して，子どもの知的・発達水準，性格特性，対人関係様式，トラウマの理解等を含む包括的な「心理アセスメント」を行うことができる。心理アセスメントにあたり，児童相談所から受け取る子どものアセスメントシート（心理検査の結果等を含む）の情報は重要である。心理アセスメントの結果を，子どもの心理支援につなげ，適宜，評価していく。

　そして，虐待を受けた子どもをはじめ，さまざまな事情で施設入所する子どもの「個別心理療法」を担当する。子どもの年齢や心理アセスメントに基づき，遊戯療法，箱庭療法，カウンセリング等を行い，子どもの情緒の安定につなげる。虐待を受けた子どもへの遊戯療法は，「トラウマ体験を直接扱っていく技法（ポストトラウマティック・プレイ）」（西澤，2000）や，「ネグレクト状況の再現を治療的に活用すること」（坪井，2008）など，一定の効果が報告されている。しかし，個別心理療法の展開を理解し，子どもと向き合うことは容易いことではない。そのためにも，心理職を支えるスーパーヴィジョンが必要とされる。

　生活場面にて面接を行う「生活場面面接」や，SST（Social Skills Training: 社会生活技能訓練），性（生）教育など子どもへの「集団療法的アプローチ」を通して，子どもの生活や子ども

集団に心理職の知と技法を生かすこともできる。児童養護施設では，「生活臨床」と呼ばれる心理職による生活場面での活動の重要性が示されてきている（増沢・青木，2012）。個別心理療法と生活場面の枠組みの違いを意識しながら，生活場面に心理的アプローチを醸成する柔軟な姿勢が心理職には求められる。集団療法的アプローチについては，子どもの自己肯定感の向上など，その効果が報告されている（徳山・森田，2007；榊原・藤原，2010）。幼少期から，自分と相手を大切にする心理教育を行うことは，子どもの自己肯定感等に影響を及ぼし，生きる力を育むといえる。

　また，心理アセスメントはじめ，心理職による見立てと心理支援は，生活担当職員ら他の専門職や児童相談所など関係機関との「心理コンサルテーションと連携」を通して，生活支援や「家族支援」につなげている。心理職は，子どもと直に関わる生活担当職員が子どもの理解と対応を主体的に導き出せるよう，他職種の専門性を理解・尊重する姿勢をもつことが重要である。関係機関との連携においては，心理職としての見解を伝えつつ，生活担当職員の後方支援を担うことを心がける必要がある。家族との交流は，子どもの心情に多大な影響を及ぼすため，交流後の子どもの様子を丁寧に見聞きし，他職種や関係機関と連携して，子どもと家族をつなぐ支援を担うことが求められる。

　「ケアワーカーの心のケア」は，その実践と研究の蓄積が課題とされている。被虐待児に対する児童養護施設の職員の共感疲労が高いことや，疲労が高い職員は被虐待児との関係が不安定な者が多いとされる（篠崎，2007）。職員のバーンアウトによる離職率も高い。心理職が，自身のできることとできないことを明確にしつつ，ストレスマネジメントなどの職員向け研修や心理コンサルテーション等を通して，ケアワーカー（生活担当職員）の心のケアに貢献できるとよい。

●児童養護施設における心理支援の実際

　児童養護施設における心理支援の実際について，事例を紹介する。なお，本事例は，複数の事例を組み合わせた仮想事例である。

(1) 事例の概要

　Aは，小学4年生の男児である。家族構成は，父・母・Aの3人。小学3年生時に児童養護施設に入所したが，入所理由は父からの虐待であり，殴る・蹴るなどの行為を受けていた。また，父から母への暴力もあり，Aはその様子を目撃していた。入所前の児童相談所による知能検査では，Aは知的に平均域であった。

(2) 心理支援の実際

　心理職は，Aが小学3年生の入所段階で心理アセスメントを行った。Aの生育歴や知能検査の結果からは，知的には問題はないが，愛着やトラウマの問題があると見立てられた。そのため，まずは安心・安全な生活環境を提供し，その中で良好な人間関係を構築することが当面の支援方針となることを生活担当職員に伝え，共有した。

　入所後しばらくして，Aは生活場面にて職員を後追いしては泣く，他児をひっかく，他児の物を盗むなど，情緒不安定な様子がみられた。また，職員が話をしようとすると頭打ち（床に

頭を打ちつける）を繰り返した。小学校では，授業中に立ち歩く，教室を抜け出しトイレにこもるなどの行為がみられた。そのため，心理職は，Ａの生活担当職員や学校教員と情報交換を行い，問題行動の前後文脈を探った。そして，Ａの問題行動（例：他児の物を盗る）の背景にあるＡの想い（例：他児は母と頻繁に交流していた）を見立て，行動は認められないが，背景にあるだろうＡの寂しさなどの心情を伝えた。その上で，生活担当職員や学校教員と協議し，就寝時には生活担当職員と１対１になり話ができる時間を確保する，学校の授業に座って参加できたら教員からシールを貼ってもらう頑張り表を導入する，などの支援を提案した。また，施設内で行っている同年齢の子ども集団への性（生）教育にＡを参加させ，「自分と相手のいいところ探し」「ふわふわ言葉ととげとげ言葉（心が温まる言葉と心が傷つく言葉）」など，自分と相手を大切することを体得的に理解する場を設けた。

　並行して，施設内のプレイルームにて，心理職によるＡの個別心理療法（遊戯療法）を導入した。遊戯療法の中では，人形を激しく殴る・蹴るなど，虐待の再現と捉えられる遊びが展開された。心理職は，その遊びの背景にあるＡの体験や，Ａの抱いた痛みや怖さなどに触れ，Ａの人間関係の再構築と情緒の安定を目標に関わった。さらには，児童相談所と協議し，保護者の許可をとり，児童精神科の医師による服薬治療を行った。

　これらの支援を行う中で，Ａからは，就寝時の生活担当職員との個別の時間を楽しみにする様子や，学校の頑張り表のシール集めに意欲を示す様子がみられるようになった。また，性（生）教育の場面を通して，「今のはとげとげ言葉（よくない言葉）だった」と振り返る様子がみられるようになった。また，遊戯療法の中では，「家にいたときは怖かった……」など自身の想いを言葉にすることがみられるようになった。

　Ａの生活は徐々に落ち着きをみせたが，小学５年生になり，両親の離婚が成立し，親権者が母になることが伝えられた。定期的な母子面会が始まるようになったが，Ａは母との交流後に，頭打ちをすることが増えた。心理職は，生活担当職員と面会時のＡの様子（母との別れ際に固まるなど）を共有した。そして，母への期待と不安といった複雑な思いがあると考えられるため，母との交流後のＡの様子を注意して見てほしいことを伝えた。また，家庭支援専門相談員や児童相談所職員と連携して，心理職もＡの母面接に同席し，Ａの頭打ちの背景にある母への気持ちを伝えた。その上で，母子交流を終える際には次回の交流の日時をＡに伝えてもらうことになった。

　Ａが中学校に上がる頃には，頭打ちはなくなり，母との面会は外出・外泊とステップアップし，長期外泊も問題なく行えるようになった。そのため，Ａの家庭引き取りにあたり，児童相談所，学校，医療機関などとの関係者会議（ケース会議）が行われた。心理職は，その場に出席し，これまでのＡの心理支援の経過を伝えた。そして，家庭引き取り後も，児童相談所を中心に退所支援を行っていくことを確認し，Ａが中学校入学時に家庭引き取りとなった。

●おわりに

　児童養護施設の心理職は，心理アセスメントや個別心理療法をはじめ，心理学の知と技法を生かして子どもの支援にあたる。近年，虐待を受け入所する子どもが増加しているため，虐待を受けた子どもの心理的な問題と支援のあり方について，深く理解することが必要である。

　また，児童養護施設は子どもたちの生活の場であることを理解し，生活が安心・安全なもの

となるよう，生活場面面接の実施や生活担当職員への心理コンサルテーションが重要となる。そのために，心理職には，子どもの生活の場を能動的に理解する姿勢が求められる。

　さらには，心理職は，子ども個人の支援に加え，他職種や関係機関と連携して，子どもと他者（他の子ども・家族・施設職員・関係機関の職員等）との関係性をつなぐ支援を行う。心理の専門家として，他の専門職との連携を意識して心理支援に取り組んでいくことが重要である。

引用文献

厚生労働省子ども家庭局 (2017)．新しい社会的養育ビジョン〈https://www.mhlw.go.jp/file/04-Houdouhappyou-11905000-Koyoukintoujidoukateikyoku-Kateifukushika/0000173865.pdf〉（2020 年 3 月 10 日確認）

厚生労働省子ども家庭局 (2020)．児童養護施設入所児童等調査の概要（平成 30 年 2 月 1 日現在）〈https://www.mhlw.go.jp/content/11923000/000595122.pdf〉（2020 年 3 月 10 日確認）

増沢　高・青木紀久代（編）(2012)．社会的養護における生活臨床と心理臨床—多職種協働による支援と心理職の役割　福村出版

西澤　哲・中島健一・三浦恭子 (1999)．養護施設に入所中の子どものトラウマに関する研究—虐待体験と TSCC によるトラウマ反応の測定　日本社会事業大学社会事業研究所

西澤　哲 (2000)．虐待を受けた子どもの心理療法のあり方　子どもの虐待とネグレクト，**2**(1), 60–67.

榊原　文・藤原映久 (2010)．児童相談所と児童養護施設との連携に基づく性（生）教育プログラムの取り組み．子どもの虐待とネグレクト，**12**(2), 288–294.

柴田一匡・坪井裕子・三後美紀・米澤由実子・森田美弥子 (2018)．児童養護施設における学習・進路の問題とその支援に関する実態調査　子どもの虐待とネグレクト，**20**(2), 227–237.

柴田一匡・坪井裕子・三後美紀・米澤由実子・森田美弥子 (2019)．児童養護施設における性的問題の実態　子どもの虐待とネグレクト，**20**(3), 376–385.

篠崎智範 (2007)．児童養護施設職員の共感疲労とその関連要因　子どもの虐待とネグレクト，**9**(2), 246–255.

杉山登志郎・海野千畝子 (2009)．児童養護施設における施設内性的被害加害の現状と課題　子どもの虐待とネグレクト，**11**(2), 172–181.

徳山美和代・森田展彰 (2007)．児童養護施設における治療的養育の手段としてのグループアプローチ　子ども虐待とネグレクト，**9**(3), 362–372.

坪井裕子 (2008)．ネグレクト児の臨床像とプレイセラピー　風間書房

5

児童心理治療施設

◉児童心理治療施設とは

(1) 児童心理治療施設の概要

　児童心理治療施設は，児童福祉法第 43 条の 5 で定められた児童福祉施設であり，心理的な問題を背景に日常生活にさまざまな困難を抱える児童に対して，生活支援，学校教育，心理治療，医療的ケアを提供し，総合的な支援を行う。施設の利用にあたっては，児童相談所が利用の必要を判断し，決定する。家庭から離れて施設内の生活棟で寮生活をする入所利用が主だが，家庭から施設内の学校に通ったり，家族支援や心理治療を利用したりする通所利用を行っている所もある。

　児童心理治療施設は，もともと，情緒障害児短期治療施設の名称で昭和 36（1961）年の児童福祉法改正により始まった。当時は，軽度非行の小学校低学年児童を短期間（6 ヵ月程度）入所させ，週末は家庭で過ごしながら治療していた。時代の流れの中で，対象が不登校に移り，最近では発達障害や被虐待児が増加している。対象も中学生，高校生へと広がってきた。その結果，入所期間も長期化し，「情緒障害」の名称も誤解を生じやすいことから，児童福祉法の改正により平成 29（2017）年より現在の名称に変更された。この間も施設は増え続け，令和 2（2020）年 3 月 1 日現在，全国に 51 施設が設置されている。

　利用する子どもは，多くが被虐待児で全国児童心理治療施設協議会（以下，協議会）資料によると令和元（2019）年 10 月 1 日現在で 78.0％，広汎性発達障害が 36.9％，ADHD（Attention-deficit hyperactivity disorder: 注意欠如・多動症）が 29.5％である。他に，知的障害，行為障害や愛着障害などをもつ場合もある。これらの子どもの特徴として，人と安心して過ごせない，排泄や食事など自分の身辺の世話ができない，自分の体の感覚や気持ちが掴めない，周りのことや状況がわからない等があり，生活の些細なことで躓きやすい。

(2) 総合環境療法

　児童心理治療施設を支える背景の考え方として，総合環境療法があり，協議会では「施設で行っている全ての活動が治療である」と説明している。心理治療の文字から心理面接が想像されるが，細やかに自分をみて世話をされることや新しいことへの挑戦を応援されることも子どもたちには大切である。それらが全体としてまとまり，治療になる。杉山（1990）は，治療，生活，教育が多様な場面や機能に分化し，その中に子どもの親子関係や内的な問題がスタッフを巻き込みながら，反復再現されるとし，その再現を「合意による確認」という方法で，各部門が意識化し，治療に役立てることを総合環境療法としている。

(3) 児童養護施設との違い

　虐待対応が増える中で，児童養護施設にも被虐待体験や発達障害をもつ子どもは増えつつ
ある。では，児童養護施設との違いはどうか。考えてみると，次の3点があげられる。1点目
は，養護施設が生活の場であるのに対し，治療の場であるという点である。児童心理治療施設
では，入所時点から児童の治療目標が施設内外で設定され，一定期間で目標を評価し，最終的
には家庭など他の場所に移ることが想定されている。この点を田中（2011）は，児童心理治療
施設と他の福祉施設との違いを医学的な視点とし，児童心理治療施設が「発達」に治療教育的
視点から絡んでいくとしている。

　2点目は，学校や医療など，多様な専門職が配置され，各部門がチームを組む点である。恐
らく，学校や医療が施設内にある点は，明らかな違いとしてわかりやすいと思われる。心理職
は養護施設でも配置されるが，あくまで養護施設では外来治療と同様の心理ケアが想定されて
いる。児童心理治療施設の場合は，生活，学校，心理など各支援が対等に意見を交換し，それ
らを合わせて施設ケアを行っている。

　3点目は，施設の構造化やルールの違いである。単純な言葉でいえば，養護施設よりもルー
ルが細かに設定されている。たとえば，外出の範囲が子ども毎に定められている，貸出物に細
かなルールがある，児童間の物のやり取りはしない等である。これらは，問題を起こさないた
めではなく，子どもが守られるため，子どもにわかりやすいので，成功した体験をもちやすい
ためである。被虐待体験や発達障害をもつ子どもも多く，境界が薄い，関係がもてない場合が
多い。明確なルールがあることで，自分と相手がお互いを侵さずに大切にできる，どう行動す
るとよいかがわかることになる。

●児童心理治療施設の心理職の特徴と役割

　最大の特徴は，保育士，児童指導員，教員，看護師，医師などさまざまな職種の中に心理職
がいることである。個別の治療も大切だが，施設全体の治療が機能することがもっとも重要で
あり，治療以外のさまざまな部門，場面との協働が必要になる。その難しさの一方，心理職は
数人以上で配置され，チームとして働く。その意味で，先輩や同輩と治療の見直しや学び合い
ができる。役割は施設により異なり，子どもの生活支援，家族支援を担う場合もあれば，集団
活動などの計画や実施に関わる場合もある。その中で共通して心理職の役割として考えられる
ことを以下に示す。

(1) 見立て

　内海（2013）も児童養護施設での心理職の見立ての重要性を説いているが，児童心理治療施
設においては，見立てがより重要になる。そもそも施設全体の役割が心理治療であり，治療方
針を考える上で心理的な見立ては大きな意味がある。他の専門職もそれぞれの視点で子どもを
理解している中で，子どもの内面や発達を捉えつつ，少し離れた距離から子どもとその周りが
どうみえるか考える役割がある。

　また，児童心理治療施設では，多様な子どもの情報が入ってくる。入所前の児童相談所の記
録に始まり，入所後は心理場面，生活場面，学校場面，看護師の関わり，家族交流の情報も入
る。さらに，心理職が日常生活で関われば，さらに情報は多くなる。その情報を整理し，どう

共有するかが肝心である。また，各チームの状態の見立て，施設全体の見立てを行うことも重要である。

(2) コンサルテーション

上記のアセスメントに基づき，各部門と子どもへの支援を一緒に考えることも大切な役割である。もちろん，心理職から助言をすることもあろうが，中心になるのは，「一緒に話し合う」ことである。施設内では，それぞれのチームが対等であり，子どもがみせる姿は違っても，それぞれが事実である。その上で，各自の考えをもち寄ってどのような対応が子どもにとってよいのか知恵を絞り，お互いのできることを協力してやっていく。その中で，他の職員が極端に考えすぎてしまうときに，バランスをとることも大切である。その際には，ケース会議や職員会議だけでなく，何気ない雑談や会話も要点になると考える。

(3) 心理治療

個別心理療法，集団心理療法，SST（Social Skills Training: 社会生活技能訓練），トラウマ治療等，さまざまな取り組みが行われているが，特に児童心理治療施設での心理治療として大切だと思う点，特徴を3点あげる。

1点目は，生活空間で心理療法が行われ，施設全体の治療の一部という点である。それゆえ，心理治療と日常生活との境界は薄く，影響し合う。その中で，区別をどうするか，反対にどう日常生活に活かすかの両面が出てくる。また，生活，学校，医療との関係を含めて心理療法を考える必要があり，子どもの状況により治療内容も検討する必要がある。個人情報の扱いも大きく関わる。学校臨床等でも話題にされるが，守秘義務を意識しつつ，子どもの状態像を共有し，施設全体のケアに活かす視点が妥当で，集団守秘義務の考えが必要になる。

2点目は，虐待や発達障害の影響で人とうまく関係できず，関係性が弱い子どもが多いことである。それゆえ，内面の表現も大切だが，まずは落ち着いた環境で相手と関係する経験が大切に思う。そういった意味で，子どもが心理職と同じ空間で過ごす，反応を出す，気持ちが収まる，相手に頼る，協力する，合わせることを，子どものペースで一緒に行えることが必要である。そのこと自体が治療であり，それを土台に，内面の葛藤や傷つきが表現されると考える。

3点目は，言葉や表現だけでなく，表情，体の動き，感覚，興奮等を丁寧に捉えて関わり，育てていく必要性である。もちろん，これはすべての心理治療にいえることである。ただ，上記にあげたように，入所する子どもたちは自己の感覚が乏しく，発信も適切にキャッチされてこなかった子どもたちが多い。そうした意味で，子どもの身体や感覚の動きに敏感でありたい。

(4) 家族支援

施設を利用する家族は，発達障害や精神疾患，家族病理を抱えていることも多い。その中で，家族を心理的に見立てる，心理面接等の情報から家族に子どもの理解を促す，子どもに必要な環境調整を提案する等が心理職の役割に考えられる。特に家族との関係への支援は大きな意味がある。家庭に戻るか否かに限らず，家族が子どもをどう捉え，どう関係するかは，双方にとって重大な意味がある。その支援に，家族関係の微妙な雰囲気や感情の動きを捉える技術は有効である。これは児童福祉全体で必要だが，家族が心理治療の対象に含まれると同時に，治療の協力者でもある児童心理治療施設では，特に大切である。

(5) 日常生活での関わり

　直接に子どもの養育を担わない場合でも，日常生活での関わりは大切である。一緒に遊ぶ，勉強をする，雑談をする中で，普段の様子や他者との関係がみえてくる。子どもがパニックのときに生活職員と一緒に対応することで，大人も子どもも困りごとへの対応がみつかることもある。担当の子どもを応援する場を設けたときに心理担当も入り，みんなで応援していることを伝えることもある。

(6) 施設内の文化作り

　高田（2012）も指摘しているように，施設内で子どもが安心して育つことができる環境やモデルとなるような職員集団を作ることが施設において重要になる。支配─被支配関係の中で育ってきたり，障害の特性として相手への許容がもてなかったりする子どもも多い。そのため，施設として安心感を保つ工夫や自他を尊重する雰囲気が伝わる文化が大切になる。一朝一夕には難しいが，子どもに伝わる言葉で感情や思いを伝える，権利教育や性教育を行う，職員同士が助け合う雰囲気を作る等で，心理職が他の職員と協力できるとよい。

●児童心理治療施設での心理支援の実際

　次に，事例の経過の中で心理職の役割を紹介していく。なお，事例は，特定の個人ではなく，筆者の関わった複数の事例を組み合わせた架空の事例である。

　Aは，3年生の春に施設に入所した。入所のきっかけは，母がAの虚言や暴れる行動に困り，児童相談所に相談したことであった。母の話で，Aは入浴や片づけをやったというが，やっておらず，注意すると興奮して，母を叩いたり，物に当たったりするとのことであった。相談所の調査で，Aは幼少期から保育園でも集団行動ができず，友達に手が出ており，就学後も授業中に騒ぐ，暴力をする等があった。家族は母，高校生の姉，Aの3人で，母は昼も夜もパートを掛け持ちして何とか家計を立てており，余裕がなく，実家とも疎遠だった。Aの問題行動には叱責するが，それ以外の関わりは少なかった。

　初めて会ったAは，小柄で目のパッチリとした，可愛らしい男の子だった。数日は，緊張しながら職員を窺っていたが，すぐに人にちょっかいを出し，トラブルが増えた。子どもに遊びを断られたり，大人に注意されたりすると，手が出たり，壁や机を蹴ったりした。身辺面でも，部屋の物を散らかす，体が十分に洗えずにべたつく等があった。学校場面でも，問題が解けないと怒って問題を破ったり，他の子の邪魔をしたりしていた。

　入所1ヵ月後のケース会議で上記の行動が話題になった。心理担当は，1対1では関わりがもてること，見通しがあると落ち着きやすいことを報告した。生活担当からお手伝いのときは素直なこと，学校担当からも補習の際は落ち着いて取り組める点が挙がった。その中で，まずは人を傷つけない，大人と安心して過ごせる時間を増やすことを目標とした。興奮したときは，職員が居室などに一緒に行き，「イライラしたね」と穏やかに声をかけ，落ち着けたら，行動を振り返ることにした。また，医師に相談し，服薬を行うこととし，家族担当が母にAの状況を伝え，服薬治療の了解を取った。部屋の整理や洗体は，Aに一人でやらせるのでなく，担当職員がいる日に時間を決めて一緒にやることにし，手伝いや補習の時間も決まった曜日に設

定した。半年ほど経ち，トラブルは依然あるものの，徐々に興奮しながらも自らその場を離れて，落ち着けるようになり，掃除や洗体等も A に任せられることが増えた。

　冬頃から就床前に大声を出すことが増え，同室の他児と性器を触り合う事件も発覚した。その行動を振り返る中で，生活担当が母の気持ちに触れると，A は母にはどうせ会えないと大泣きした。その際に行われたケース協議では，母子交流が滞っていたこと，事件前に心理面接で A が自宅で夜間に一人で寂しかったことを話したことが報告され，A の行動の背景に，大人からの見捨てられ不安が考えられた。そこで，問題行動の振り返りとは別に大人の関わりを見直し，就床前に職員と絵本を読む，洗体や掃除ができたらシールを貼ることにした。母には A の気持ちを伝え，可能な交流を相談することにした。

　その後，A は就床前の絵本やシールを楽しみにし，行動も落ち着いていった。家族担当が母に連絡すると，A の問題に呆れたが，対応によって落ち着いてきた A の様子を伝えると，今までになかったことと驚いた。手紙での交流はできると話し，すぐに母から手紙が届いた。A は，喜んで何度も担当に見せ，返事を書き，やり取りが続いた。時に，シール表を同封し，母からも褒めてもらった。その後 1 年ほどで，A はイライラしても興奮に至らず，職員に相談してトラブルを解決できるようになり，母も不定期だが，外泊を受け入れる中で，家庭復帰となった。

●おわりに

　児童心理治療施設における心理職のあり方をまとめてきた。施設の名に「心理治療」があるが，その中心は「育てる」ことであり，さまざまな課題により上手に育つことができなかった子どもが育つことができるよう配慮し，関わることである。そのために，心理職は子どもをさまざまな視点でみて，他の職員と相談し，育てる工夫を探し，そのサポートをする。いろいろな職種がいる分，ぶつかることもあるが，助けられることも多い。筆者も先輩や他の職種，そして子どもに助けられ，今がある。その意味で，施設での「育ち合い」と「助け合い」を目指すこと，そのために日々の大人，子どもとの関わりを意識し続けることが心理職の仕事かもしれない。

引用文献

杉山信作（1990）.「情短」そのアウトライン　杉山信作（編）こどもの心を育てる生活—チームワークによる治療の実際　星和書店　pp.2–25.

高田　治（2012）. 児童心理治療施設（情緒障害児短期治療施設）における生活臨床と心理職の役割　増沢　高・青木紀久代（編）社会的養護における生活臨床と心理臨床　福村出版

滝川一廣（2012）. 施設における心理臨床　増沢　高・青木紀久代（編）　社会的養護における生活臨床と心理臨床—多職種協働による支援と心理職の役割　福村出版　pp.14–26.

滝川一廣・高田　治・谷村雅子・全国情緒障害児短期治療施設協議会（編）（2016）. 子どもの心をはぐくむ生活—児童心理治療施設の総合環境療法　東京大学出版会　pp.109–183.

田中康雄（2011）. 発達支援のむこうとこちら　日本評論社

内海新祐（2013）. 児童養護施設の心理臨床—「虐待」のその後を生きる　日本評論社

八木修司（2009）. 情緒障害児短期治療施設における心理士の役割　前田研史（編）児童福祉と心理臨床—児童養護施設・児童相談所などにおける心理援助の実際　福村出版　pp.101–134.

全国児童心理治療施設協議会（2020）. 2019 年度児童心理治療施設実態調査

6

児童発達支援センター

●早期療育と児童発達支援

　多様な育ちがある中で，発達のスピードや特性に合わせた個別の配慮を要する子どもへの支援として「療育」がある。従来の療育は，児童福祉法による通園施設（都道府県が設置）や，障害者自立支援法が定める児童デイサービス（市町村管轄）等が主な担い手であった。

　2012（平成24）年の児童福祉法改正により，これら療育の事業は「児童発達支援」として一元化された。設置の主体は市町村となり，発達に心配のある子どもが障害の種類や生活する地域にかかわらず療育が受けられるよう整備が進められているところである。

　「児童発達支援」には，身近な地域で療育を提供する「児童発達支援事業」と，多機能で基幹的役割を持つ「児童発達支援センター」の2類型がある。前者は地域に根ざした療育提供事業所で，対象児への直接支援を主な役割としている。後者は療育など直接支援に加えて，相談支援や地域支援など間接支援の機能も備えており，国の第5期障害福祉計画において2020年度末までに各市町村に1ヶ所以上設置することが目標とされている。これら児童発達支援の制度上の変遷や役割についての概説は，引用文献（若子，2014）を参照されたい。

　児童発達支援センターのありようは各自治体の規模や歴史によって異なるが，それぞれ管轄地域全体の発達支援システムの中心的役割を担っていることが多い。たとえば小規模市町村では単独の児童発達支援センターが相談機能や地域支援機能を備えて地域療育を推進していることが多く，人口20万人以上の中核市では複数の児童発達支援センターや診療所を擁する総合発達支援センターがシステムの中心的役割を担っていることが多い（髙橋，2016）。

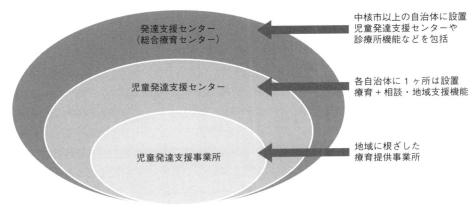

図Ⅲ-6-1　発達支援センターと児童発達支援

本章では，「児童発達支援センター」を包括した「発達支援センター」の機能や役割について，中核市である豊田市を例に紹介する。なお，一般的な「発達支援センター」と区別するため，豊田市のことを述べる際は「発達センター」と表記することとする。

◉自治体構想の早期療育システム──豊田市の場合

発達支援センターの役割について述べる前に，センターが機能しうる基盤となっている早期療育システムについて説明したい。早期療育システムとは，発達に心配のある子どもがより早期から適切な支援につながるよう構築された地域連携の仕組みである。連携の仕組みは各自治体の特色によって異なるが，主には乳幼児健診を担う保健センターや保育園・幼稚園，児童相談センターなどの行政機関や小中学校などの教育機関，児童発達支援事業や児童発達支援センターなどの福祉機関，地域のクリニックや基幹病院などの医療機関が関わっていることが多い。

豊田市では，1991 年に「早期療育システム構想」が発案され，「発達センター」を療育・相談・地域支援の機能をもつセンター・オブ・センターと位置づけ，発達に心配のある子どもはすべてセンターに集約されるシステムを構築した（「発達センター」において療育の役割を中心に担う通園部門には肢体不自由児，難聴幼児，知的障害児の三つの通園施設があるが，2012（平成 24）年の児童福祉法改正以降，それぞれ児童発達支援センターと名称を改めている）。

図Ⅲ-6-2 に示すように，豊田市の早期療育システムでは，乳幼児健診を行う保健センターや地域園，学校，子育て支援センター，小児科クリニック等，さまざまな関係機関が市全体の発

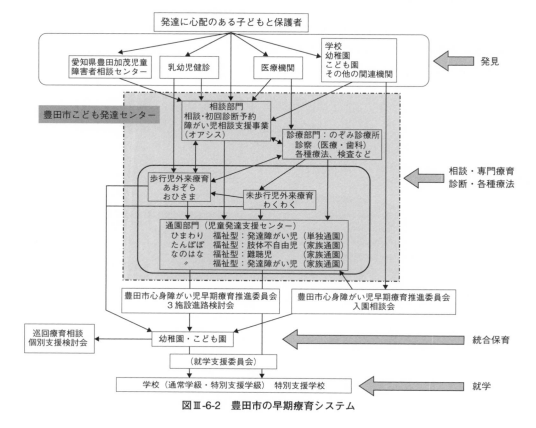

図Ⅲ-6-2　豊田市の早期療育システム

見機関として位置づけられている。「発達センター」の重要な役割として，これら発見機関との連携強化や啓発・人材育成などの地域支援がある。また，2011（平成 23）年改正の障害者基本法により障害のある児者が地域に根ざした生活を送る権利が保障されたことや 2016（平成 28）年施行の障害者差別解消法によって合理的配慮が義務化されたことにより統合保育の促進や教育・行政などでの理解と支援が求められる中，地域全体の対応力の底上げに寄与することも期待されている。

●発達支援センターの役割と心理職に期待されること

　発達支援センターの役割は，子どもへの直接支援としての「療育」と，間接支援として子どもに日々関わる保護者への「相談支援」および子どもの生活を支える保育・教育・福祉機関への「地域支援」がある。以上の主な三つの役割を担うため，「発達センター」では，通園部門，相談部門，診療部門が内部連携を行いながら支援にあたっている。それらの実際と，そこでの心理職の役割について述べる。

　なお，児童発達支援センターが担うべき相談支援および地域支援には，厚生労働省が定める制度に「相談支援事業」と「保育所等訪問支援事業」などがあるが，発達センターにおける相談支援，地域支援はこれらの事業を含めた幅広い取り組みを行っている。

(1)　直接支援としての「療育」

　「発達センター」で実施する療育は，年度ごとの契約で利用する通園施設（児童発達支援センター）と，他機関からの紹介等で必要な時期から随時参加できる外来療育グループ（市の単独事業，家族通園）がある。未歩行児対象の外来療育グループ（月 2 回）は主に基幹病院 NICU 退院後の乳幼児や運動発達遅滞の幼児が利用し，歩行児外来療育グループ（週 1, 2 回）は障害の有無にかかわらず発達に支援が必要な 1 ～ 3 歳児が利用している。

　基本的には愛着形成に主眼をおいた保育モデルで，発達段階や特性に合わせた目標を保護者と相談しながら設定して療育を行っている（具体的内容は 2017 年に厚生労働省が定めた「児童発達支援ガイドライン」を参照されたい）。なお，肢体不自由児の通園施設は医療型の児童発達支援センターとしてスタートしたが，年長児の就学移行支援や保護者支援を目的とした単独通園日の拡充に対応するため，2018 年度より福祉型に転換して職員体制の強化を図っている。

　通園部門や外来療育グループにおける子どもへの発達支援の直接の担い手は保育士を中心とする療育スタッフであり，ここでの心理職の役割は間接的支援が中心である。保護者勉強会の実施や，子どもの発達アセスメントや中長期的予後の予測をもとに療育スタッフとの連携や時にエンパワメントを行う，黒子に徹した支援が求められる。特に外来療育グループには，診療部門を利用する（診断を受ける）かどうか，次年度の進路を地域園にするか通園部門を利用するか等，子どもの障害への気づきや受け入れに保護者が揺れ動く時期を支える役割もある。時に虐待に移行しうる緊迫した親子に出会うこともある。必要に応じて心理職も支援チームとして加わり，相談部門のケースワーカーや保健師，市の家庭児童相談所や県所轄の児童相談センターとも協働して対応にあたっている。

(2) 間接支援としての「相談支援」

　子どもの支援にとって保護者支援は重要であり，「発達センター」では全部門で相談支援を行っている。通園部門では移行支援にも力を入れており，移行後も地域園や学校と連携を取りながら相談に応じている。また，相談部門と診療部門は18歳までの切れ目のない支援を行い，子どものライフステージに合わせて関係機関と連携しながら相談・医療を行っている。相談部門は「発達センター」に初めてつながる子どもと家族の対応にあたり，インテーク面接や，必要に応じて療育や診察へのリファー，環境調整が必要なケースには園や学校へ訪問しコンサルテーションを行っている。診療部門では医師の外来診察，心理職を含めたコメディカルスタッフによる各種検査や個別療法により，障害児医療を支えている。

　その他のトピックとして，豊田市の外国人人口が4％を超えている現状で外国にルーツのある子どもと保護者の支援，さらに虐待防止にも力を入れており，早期発見・対応と継続的な支援を行っている。

　相談支援は多職種との協働で行うため，互いの専門性の理解，情報共有と役割分担が重要である。その中で心理職は，発達アセスメントによる適切なスモールステップの提示や本人の特性に合わせた無理のない方略の提案などが求められることが多い。各種発達・知能検査，子どもの発達のプロセスや特性のある子どもたちの発達経過に精通していることが大切である。

(3) センター機能の根幹をなす「地域支援」

　地域支援には各連携機関への啓発などの外部支援と，早期療育システムの運営に関する外部連携の，大きく二つの役割がある。外部支援では，地域園の巡回療育相談や学校訪問でのコンサルタントをしたり，保健センター，地域，学校等の現任者研修で啓発を行ったりしている。また，外部連携では，相談部門が早期療育システムの運営事務局を担い，関係機関との連携や地域支援の推進を行っている。

　発達特性や発達段階のアセスメントを総合的に行う心理職は，啓発や人材育成研修の依頼を受ける機会が多く，地域支援に貢献しやすい。一般的な啓発のほか，個別性も多様のため，巡回療育相談や訪問相談など，ケースごとのアセスメントや相談といった場面にも登用される。新規相談での総合的アセスメントが必要になる場合には心理職が他職種と組んで支援にあたることは少なくない。

　また，改正児童福祉法に定められた児童発達支援や放課後等デイサービスを提供する事業所が年々増加傾向にある一方で，療育の質の担保や一定のスキルの底上げが課題となっている。「発達センター」でも数年前から市の障がい福祉課と連携して市内の各事業所に対して各種研修や情報交換会などを定期的に設けている。さらに，希望する事業所には訪問して個別ケースの検討会を行っている。これらにも心理職を含めた多職種で支援にあたっている。

●地域支援における今後の展望

　時代の変遷とともに支援システムも変容を迫られる。豊田市では1991年構想の早期療育システムにおいて，「発達センター」を利用する子どもたちの割合は対象人口のおよそ2，3％と想定されていたが，昨今の発達障害の概念の拡大もあり現在は支援の対象がおよそ10％となっている。外来療育グループの受け入れや医療待機児増加への対応，地域全体の支援体制強化が

喫緊の課題である。また，乳児医療の進展により，酸素吸入や胃ろうなど医療的ケアを必要とする子どもたちも増加傾向にある。これら，支援対象児の増加や多様化への対応が急務である。

　早期療育システムが現状にマッチしているかの検証や新たなニーズの発掘，政策提言もセンターの重要な役割であり，そのための調査・研究も必要である。たとえば，従来は乳幼児健診が主たる発見機関であったが，最近では保護者の就労形態の変化などで3歳児健診を待たずして就園する子どもが増え，地域園の3歳未満児クラスや託児所が発見機関として機能することが増えてきた。療育的かかわりの担い手が地域園等の保育士に委ねられるケースも増えたため，地域支援の新たな対象として，未満児クラスや託児所などの保育士に向けての研修や訪問による相談・助言（巡回療育相談）の拡充を進めている（神谷，2019）。

　さらに，統合保育の推進により，通園部門からの移行児や地域園を第一選択とする児も年々増加傾向にある。「発達センター」では2015年度より始動させた保育所等訪問支援事業のさらなる拡大を図るなど，時代のニーズに合わせた新たな事業の取り組みや模索を行っている。

◉おわりに

　発達支援センターの機能および心理職の役割について概説した。発達支援センターは単独で機能しているのではなく，各自治体のシステム構想に組み込まれて他機関との連携や役割分担の上に機能している。そのため，目の前の業務に目を向けるだけでなく，所属機関の担う役割や関係する連携機関の機能について把握することが大切である。また，自治体だけでなく国全体の政策動向や根拠となる法律についても関心を向けたい。

　自らの立ち位置や役割を俯瞰的にみる視点が要る一方で，日々の業務にあたっては目の前の子どもやその家族への支援に必要な個別性をみる視点も重要である。

　髙橋（2012）は，発達的に障害のあるといわれる子どもたちは，「障害」ではなく「発達マイノリティ」つまり少数派の発達経過をたどる子どもたちだと捉え，それらの育ちを理解して無理のないよう支える本人主体の支援が大切であると述べている。適切なアセスメントを通じ，子どもたちのよき翻訳者となれるよう研鑽したい。

引用文献

神谷真巳（2019）．幼児期の発達障害児における愛着形成への支援―親子へのケアと地域支援の視点から　乳幼児医学・心理学研究，**28**(2)，97–104．

髙橋　脩（2012）．子どもの育ちと支援　豊田市こども発達センター療育紀要2011，1–19．

髙橋　脩（2016）．自治体規模の即した発達支援システムに関する研究―小規模町村における調査　厚生労働科学研究費補助金障害者対策総合研究事業　発達障害児とその家族に対する地域特性に応じた継続的な支援の実施と評価　平成25〜27年度総合研究報告書　pp.219–222．

若子理恵（2014）．発達障害児の通所発達支援　精神科治療学，**341**，72–75．

若子理恵（2017）．わが国における早期療育システムの整備と支援の実際―愛知県豊田市を例として　児童青年精神医学とその近接領域，**58**(5)，640–645．

若子理恵（2019）．乳幼児期後期への支援―通園療育（児童発達通所支援）の実際　乳幼児医学・心理学研究，**28**(1)，25–30．

7

放課後等デイサービス

●放課後等デイサービスの設立の経緯

　現在全国で広く普及している放課後等デイサービス事業を含む児童デイサービスの制度に関しては，2012（平成24）年の児童福祉法改正の前後で大きく変化してきた。従来の制度では，知的障害，盲，ろう，肢体不自由など障害種別等に分かれて障害児支援が実施されてきた。そのため重複障害のある児童に対する支援が課題としてあげられてきた。また，障害のある子どもが身近な地域でサービスを受けられる支援体制が求められてきた。そのような中，先に述べた2012年の児童福祉法改正によって，障害児支援の強化を図るため，従来の障害種別で分かれていた体系について，通所・入所の利用形態の別により一元化が行われた。従来障害者自立支援法で位置づけられていた児童デイサービス及び児童福祉法で位置づけられていた知的障害通園施設などの通所サービスは，改正後の児童福祉法では障害児通所支援として位置づけられた。

　身近な地域で支援が受けられること，どの障害にも対応できるようにするとともに，引き続

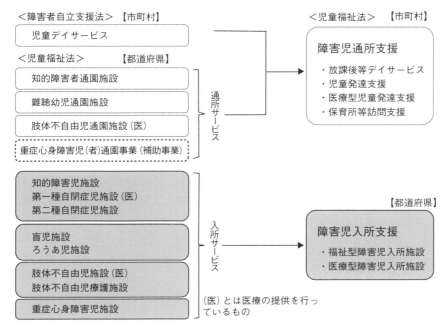

図Ⅲ-7-1　2012年児童福祉法改正による障害児施設・事業の一元化 （厚生労働省，2012）

き障害特性に応じた専門的な支援が提供されるよう質の確保を図るという基本方針のもと，特に通所については量的拡大を図る観点から，できる限り規制緩和するとともに，地域の実情に応じた整備が行われてきた。しかし一方で，利用する子どもや保護者のニーズはさまざまで，提供される支援の内容は多種多様であり，支援の質の観点からも大きな開きがあるとの指摘もなされてきた（厚生労働省，2015）。このような状況を踏まえて，2014（平成26）年7月に取りまとめられた障害児支援の在り方に関する検討会報告書「今後の障害児支援の在り方について」において，「支援の一定の質を担保するための全国共通の枠組みが必要であるため，障害児への支援の基本的事項や職員の専門性の確保等を定めたガイドラインの策定が必要」「特に，平成24年度に創設した放課後等デイサービスについては，早期のガイドラインの策定が望まれる」との提言がなされ，2015（平成27）年4月に放課後等デイサービスガイドライン（厚生労働省，2015）が公表された。

　現在，障害児を対象とした各種サービスの事業所およびその利用者は増加しており，今後もその重要性は高まっていくと考えられる。

◉放課後等デイサービスとは

(1) 事業の概要

　放課後等デイサービスは，児童福祉法第6条の2の2第4項の規定に基づき，学校（幼稚園および大学を除く）に就学している障害児に，授業の終了後又は休業日に，生活能力の向上のために必要な訓練，社会との交流の促進その他の便宜を供与する通所型支援施設である（厚生労働省，2015）。

(2) 対象

　就学している障害児を対象とする。利用にあたって，自治体（区役所・市役所）の福祉窓口で受給者証の申請を行い，受給者証を取得しなければならない。受給者証申請には医師意見書もしくは手帳（療育手帳，精神障害者保健福祉手帳，身体障害者手帳）が必要となる。

(3) 支援ニーズ

　放課後等デイサービスの対象は，心身の変化の大きい小学校や特別支援学校の小学部から高等学校等までの子どもであるため，この時期の子どもの発達過程や特性，適応行動の状況を理解した上で，コミュニケーション面で特に配慮が必要な課題等も理解し，一人ひとりの状態に即した放課後等デイサービス計画（＝個別支援計画）に沿って発達支援を行う必要がある。放課後等デイサービスガイドライン（厚生労働省，2015）では，放課後等デイサービスの基本的役割として，子どもの最善の利益の保障，共生社会の実現に向けた後方支援，保護者支援の三つをあげている。言い換えるとそれは，本人支援，地域支援，保護者支援の三つの側面から支援を行っていく必要があることが明言されているのである。以下に，それぞれの基本的役割における心理職に求められるニーズについて述べていく。

◉本人支援における心理職の役割

　放課後等デイサービスは，支援を必要とする障害のある子どもに対して，学校や家庭とは異なる時間，空間，人，体験等を通じて，個々の子どもの状況に応じた発達支援を行うことにより，子どもの最善の利益の保障と健全な育成を図るものである。したがって，先に述べたように子ども一人ひとりの個別支援計画に沿って，自立支援と日常生活の充実のための活動，創作活動，地域交流の機会の提供，余暇の提供といった基本活動を組み合わせて支援を行っていく。それぞれの基本活動について表Ⅲ-7-1 にまとめる。

　放課後等デイサービスでは，子どもの発達過程や障害種別，障害特性を理解している者による発達支援を通じて，子どもが他者との信頼関係の形成を経験できることが必要であり，この経験を起点として，友達とともに過ごすことの心地よさや楽しさを味わうことで，人と関わることへの関心が育ち，コミュニケーションをとることの楽しさを感じることができるように支援する。また，友達と関わることにより，葛藤を調整する力や，主張する力，折り合いをつける力が育つことを期待して支援する。基本活動には，子どもの自己選択や自己決定を促し，それを支援するプロセスを組み込むことが求められる。

　このような方向性のもと，個々のニーズに合わせた本人支援の実践が求められる。その際に非常に重要となるのが，その支援が何を目的とし，どのような目標に向けて現在どのステップにいるのかについて適切に把握した上で作成される個別支援計画である。そして，個別支援計画を作成するにあたり，心理職の行うアセスメントは非常に有用な情報となりうる。それは知能検査などで把握できる認知機能だけでなく，厚生労働省がガイドラインの中で指摘している「適応行動」も重要な観点となる。適応行動のアセスメントツールとしては，Vineland-Ⅱ適応行動尺度（以下，Vineland-Ⅱ; Sparrow et al., 2005; 辻井・村上，2014）がその代表である。Diagnostic and Statistical Manual of Mental Disorders, Fifth Edition（DSM-5; American Psychiatric Association, 2013）においても自閉スペクトラム症や知的障害の診断において適応機能（適応行動）の概念が重要視されており，障害児福祉分野においても非常に重要な概念であると考えられる。適応機能とは，意思伝達，自己管理，家庭生活，社会的・対人的技能，

表Ⅲ-7-1　放課後等デイサービスにおける基本活動（厚生労働省，2015 をもとに作成）

基本活動	活動の内容
自立支援と日常生活の充実のための活動	子どもの発達に応じて必要となる基本的日常生活動作や自立生活を支援するための活動を行う。子どもが意欲的に関われるような遊びを通して，成功体験の積み増しを促し，自己肯定感を育めるようにする。将来の自立や地域生活を見据えた活動を行う場合には，子どもが通う学校で行われている教育活動を踏まえ，方針や役割分担等を共有できるように学校との連携を図りながら支援を行う。
創作活動	創作活動では，表現する喜びを体験できるようにする。日頃からできるだけ自然に触れる機会を設け，季節の変化に興味を持てるようにする等，豊かな感性を培う。
地域交流の機会の提供	障害があるがゆえに子どもの社会生活や経験の範囲が制限されてしまわないように，子どもの社会経験の幅を広げていく。他の社会福祉事業や地域において放課後等に行われている多様な学習・体験・交流活動等との連携，ボランティアの受入れ等により，積極的に地域との交流を図っていく。
余暇の提供	子どもが望む遊びや自分自身をリラックスさせる練習等の諸活動を自己選択して取り組む経験を積んでいくために，一定の目的を持って行われる多彩な活動プログラムを用意し，ゆったりとした雰囲気の中で行えるように工夫する。

地域社会資源の利用，仕事，余暇，健康，安全などを含む包括的な概念で，社会の中で日常生活を送るのに必要な幅広い能力のことを指す。適応行動を測定するメリットとして，障害者本人の生活状況や支援（サービス）の必要性が明らかになることがあげられる（辻井，2014）。Vineland-Ⅱはその個人が実際にどの程度求められる行動ができているのかについて半構造化面接式で評価するアセスメントツールで，国際的に信頼性・妥当性が確認されている。

　筆者が勤務している放課後等デイサービス事業所では，個別支援計画を作成する際に，保護者からの聞き取りをもとにVineland-Ⅱを使った適応行動アセスメントを実施してきた。そこで得られた情報から，その子どもの自立支援における目標を立て，支援を行っているがVineland-Ⅱから得られる情報は子どもの日常生活の姿と非常にリンクしており，日常生活における課題や明確に示され，今後のサポートを検討する上で有用なツールとなっている。

◉地域支援における心理職の役割

　放課後等デイサービスは，子どもに必要な支援を行う上で，学校との役割分担を明確にし，学校で作成される個別の教育支援計画等と放課後等デイサービス計画を連携させる等により，学校と連携を積極的に図ることが求められる。また，不登校の子どもについては，学校や教育支援センター，適応指導教室等の関係機関・団体や保護者と連携しつつ，本人の気持ちに寄り添って支援していく必要がある。

　また，放課後等デイサービスの提供にあたっては，子どもの地域社会への参加・包容（インクルージョン）を進めるため，他の子どもも含めた集団の中での育ちをできるだけ保障する視点が求められるものであり，放課後等デイサービス事業所においては，放課後児童クラブや児童館等の一般的な子育て支援施策を，専門的な知識・経験に基づきバックアップする「後方支援」としての位置づけも踏まえつつ，必要に応じて放課後児童クラブ等との連携を図りながら，適切な事業運営を行うことが求められる（厚生労働省，2015）。

　筆者が勤務している事業所では，後に述べるペアレント・プログラムを，自治体と連携し，地域に暮らすその他の保護者も対象として実施してきた。また，地域の医療機関とは年に数回ケースカンファレンスを行い，福祉的な視点だけでなく医療的な視点から考えられる子どもの姿や課題を共有し，その後の支援に活かしている。こうした地域の支援機関との連携は，子どもの姿や課題を多角的に捉えられる機会となり，より適切で妥当な支援を検討することにつながっていく。

◉保護者支援における心理職の役割

　放課後等デイサービスガイドライン（厚生労働省，2015）によると，放課後等デイサービス事業所は，日常的な子どもとの関わりを通じて保護者との信頼関係を構築し，保護者が子どもの発達に関して気兼ねなく相談できる場になるよう努めることが明記されている。放課後等デイサービスは，保護者が障害のある子どもを育てることを社会的に支援する側面もあるが，より具体的には，①子育ての悩み等に対する相談を行うこと，②家庭内での養育等についてペアレント・トレーニング等活用しながら子どもの育ちを支える力をつけられるよう支援すること，③保護者の時間を保障するために，ケアを一時的に代行する支援を行うことにより，保護者の

支援を図るものであり，これらの支援によって保護者が子どもに向き合うゆとりと自信を回復することも，子どもの発達に好ましい影響を及ぼすものと期待される。

　支援のアプローチの１つとして保護者を対象としたペアレント・プログラムがある。ペアレント・プログラムとは，精研式ペアレント・トレーニングや肥前式ペアレント・トレーニングの前段階として位置づけられる，「行動で考える／行動で見る」ことに特化し，保護者の認知的な枠組みを変容させることを目指した簡易的なプログラムである。ペアレント・プログラムの基本的な目標は，①行動で考える，②（叱って対応するのではなく，適応行動ができたことを）ほめて対応する，③孤立している保護者が仲間をみつける，という３点セットである。参加する保護者は，約３ヵ月間ほどのグループワークを通して，自分の子どもの行動の捉え方について具体的に考えていくのである。そのような機会を作ることやそこに保護者をつなげること，そしてプログラムを通した保護者のサポートなどは心理職の専門性を活かして大きな貢献ができる１つのあり方になるのではないだろうか。

◉今後の支援に向けて

　厚生労働省は今後の障害児支援の在り方について（報告書）（2014）の中で，重要なポイントとして，以下の４点をあげている。

・地域社会への参加・包容（インクルージョン）の推進と合理的配慮
・障害児の地域社会への参加・包容を子育て支援において推進するための後方支援としての専門的役割の発揮
・障害児本人の最善の利益の保障
・家族支援の重視

　さらにこれらの基本方針に則った上で，ライフステージに応じた切れ目のない支援の推進（縦の連携）と関係者間のスムーズな連携の推進（横の連携）が重要となると述べている。つまり保健，医療，福祉，保育，教育，就労支援等，多様な職種・専門性・領域を超えた協働が求められるのである。多数の関係者をつなぎ，個々の障害児の支援をライフステージに沿って進めるにあたって中心になるのが，障害児相談支援となる。相談支援専門員は，保護者の「気づき」の段階からの丁寧に配慮された発達支援，家族を含めたトータルな支援，関係者をつなぐことによる継続的・総合的なつなぎの支援を行い，また，それらの支援を通じて子育てしやすい地域づくりに貢献するという重要な役割を担っている。発達相談を担う心理職には，ライフステージおよび専門性を越える「つなぎ」としての役割が求められるのではないだろうか。

引用文献

American Psychiatric Association（2013）. *Diagnostic and statistical manual of mental disorders*（5th ed.）.Washington, DC: American Psychiatric Publishing.（日本精神神経学会（日本語版用語監修）高橋三郎・大野　裕（監訳）（2014）. DSM-5―精神疾患の診断・統計マニュアル　医学書院）
厚生労働省（2014）. 今後の障害児支援の在り方について（報告）―「発達支援」が必要な子どもの支援はどうあるべきか〈https://www.mhlw.go.jp/file/05-Shingikai-12201000-Shakaiengokyokushougaihokenfukushibu-

Kikakuka/0000051490.pdf〉（2020 年 5 月 11 日確認）

厚生労働省（2015）．放課後等デイサービスガイドライン〈https://www.mhlw.go.jp/stf/shingi2/0000082831.html〉
　　（2020 年 5 月 11 日確認）

Sparrow, S. S., Cicchetti, D. V., & Balla, D. A.（2005）. *Vineland Adaptive Behavior Scales, seconnd edition. Survey
　　forms manual*. Minneapolis, MN: NCS Pearson Inc.

辻井正次（監修）明翫光宜・松本かおり・染木史緒・伊藤大幸（編）（2014）．発達障害児支援とアセスメントのガイ
　　ドライン　金子書房

辻井正次・村上　隆（監修）黒田美保・伊藤大幸・萩原　拓・染木史緒（2014）．Vineland-Ⅱ適応行動尺度　日本文
　　化科学社

8

発達障害者支援センター

◉はじめに

　働くことは希望である。それは，新生児が産声を上げた時に，そこに吸い込む空気が存在し，あるいは好奇心をもって子どもが手を伸ばした時に，掴むことのできる何かがあることが，生きることを可能にするという意味で希望であるように。漠然と思い描いた未来が現実化され，手応えが得られることが生きる実感を与えている。その意味で，働くことは希望である。

　しかしながら障害を抱えた人々の就労について考える時に，しばしば支援者は絶望を見出すことになる。それは就労がこうした人々に確かな手応えを与えることがなく，それにも関わらず外的要請に基づいて踏み出さなければならないからである。絶望は遠からず訪れる，失望への恐怖に由来している。障害を抱えた人々への就労支援とは，この絶望をくぐり抜け，まだ見つけ出されていないニードを見つけ出し，手応えのある希望を手にすることにかかっている。

　とりわけ発達障害を抱えた人にとっては，ニードへの自覚も，外界の手応えの悪さの理由も明瞭になりにくいだけに，漠然とした困難を抱えやすい。そのために，就労をめぐって初めて外界との離齬が表面化することも少なくない。発達障害者への支援が叫ばれる今の時代，こうした人々はしばしば発達障害者支援センターにたどり着くことになる。

◉発達障害者支援センターとは

　「発達障害者支援センター」とは，発達障害児を含む発達障害者の地域生活を支えるための包括的な支援を行う事業所であり，全国で97ヵ所存在している（2020（令和2）年4月現在）。平成16（2004）年に発達障害者支援法が成立し，それによって，従来，知的障害者支援のうちの特別な支援を行う場として位置づけられていたものが，独立したものである。相談は当事者およびその家族から受け付けており，発達障害とそれによる困難についての相談支援，家庭の中でどのように療育を行っていくかについての指導や助言を行う発達支援，障害を抱えて仕事を探す，あるいは仕事を続けることについての相談を受ける就労支援，こうした発達障害者の抱える困難や求められる対応についての啓蒙や啓発，研修といった四つの項目が主な事業の内容とされている。加えて，そこが支援の場であることだけではなく，医療，保健，教育，福祉等の関連する機関や団体などと連携し，発達障害者支援のネットワーク形成のハブとなることも期待されている。職員には必ず社会福祉士を置くことが法律によって定められているが，その他に精神保健福祉士や臨床心理士，医師などが置かれていることもある。

　このうち就労に関しては，すでにハローワーク，地域障害者職業センター，就労移行支援事

業所，障害者就業・生活支援センター，地域若者サポートステーション，障害者能力開発校などで障害者に対する支援，教育，プログラム等が実施されてきた。また，ジョブコーチなどの派遣も随時行われてきたところである。発達障害に限っても，ハローワークにおける若年コミュニケーション能力要支援者就職プログラム，発達障害者雇用トータルサポーターの設置，地域障害者職業センターにおける発達障害者を対象とした職業リハビリテーションプログラムなどが提供されている。こうした関係機関における支援がある中で，発達障害者支援センターに期待されているのは，発達障害に特化した事業所であることから，その知見の深さと広がりであるだろう。他方，就労に特化した事業所ではないことから，支援の提供にはしばしば，上述したような関係機関において行われている支援への橋渡しや複数の支援を統合する役割が含まれている。

　その実際のところを，事例を通して描写し，心の専門家としての関わり方を論じてみたい。

◉就職後に発達障害と診断された事例

(1) 発達障害者支援センター訪問前

　Aは大学在籍時，特に大きく困ったことはなかった。就職活動では，面接が苦手で慣れず少し時間はかかったが，内定をもらい新卒で就職した。

　最初の就職は，大学の同じ学部の友達と同じ仕事で営業であった。配属先では，先輩について仕事を覚えるシステムであったため，見ながら説明を受けて仕事を覚えることができた。しかし，その後1人で仕事をすることになった時に，急なトラブルや変更への対応に困り仕事ができないことが発生した。次に社内のローテーションで異動になったが，新しい環境や人間関係の中での相談ができずAは仕事をやめた。

　転職をして，事務職に就いた。毎日新しい人と会うことはなくなったが，仕事内容や仕事の進め方が以前の職場とはまったく異なり，毎日相談できずに困っていた。わからない事ばかりで困り不安を抱えていたため，体調を崩し休職した。休職期間を超えても出社できず退職した。Aは病院に行き，障害があると診断を受けた。体調が戻ってきた時に，発達障害者支援センターをすすめられ，訪問した。

(2) 発達障害者支援センター訪問後

　発達障害者支援センターでは，今後の生活や就職について不安があるとの相談をして，面談の中で，生活や就職に対する不安や困りごとの聞き取りが行われた。さらに，これまでの学校生活と職業生活について振り返りを行い，①何に困っているのか，②現在の課題は何か，③どのような支援が必要であるかについて検討した。その結果，Aには離職からの期間があることやスケジュール管理などが苦手で生活面にも困りごとがあることがわかった。また，今までの就職では，自分自身の特性や得意なこと苦手なことの理解不足により，マッチしていない職業を選択していることがわかった。最後に，何に困った時にどのような機関を利用するとよいかについての説明が行われた。

　生活面での困りごとへの相談には，障害者就業・生活支援センターの利用の提案があり，引継ぎが行われた。相談の中で，困りごとについての対処法を検討するとともに福祉支援についての説明も受け，安心して生活できるようになった。

　就職やその後の定着についての困りごとの相談は，障害者職業センターとハローワークに引き継がれ，支援の継続がはかられた。障害者職業センターでは，職業評価を受け，特性と得意なこと苦手なことが明らかになった。あわせて職業相談を何度も受け，自分の考えや希望，そして今後の働き方について少しずつ理解を深めた。その後，A はハローワークの紹介で採用試験を受け，就職先を決めた。就職後も，定着支援を利用し，安心して働くことができる環境を整えた。

◉支援が利用されること

(1) 支援の構成
　こうした事例は，発達障害者の就労について，いくつかの典型的な問題の現われ方と支援のあり方を示している。たとえば，働くことや就職活動において「通常の」振る舞いができないこと，もしくはそれがわからないこと，そうした問題を引き起こす障害の存在が就職活動や実際の就労場面で初めて明らかになること，したがってその観点からの自己理解や周囲との関係性の理解をもっていないこと，働くことに関して自分が何をしたいのか何ができるのかがわからないこと，しばしば特性と仕事とがマッチしていないことなどが問題として現われる。これらについて整理し，社会内のリソースを活用しながら取り組むことが支援を構成する。さらに就労環境の変化に脆弱で，柔軟な働き方が難しいこと，就労環境がそうした特性に配慮してくれないこと，そのためこうした環境調整に取り組む必要のあることも支援の一部となる。これらが発達障害者支援センター（以下，支援センター）において行われている。

(2) 資源が支援になること
　これがしばしばよくみられる困難と支援のあり方ではあるが，残念ながら支援センターへの来談がすぐに本人の役に立つものとなるわけではないようである。というのも，一つの支援センターにたどり着いた後に，いくつかの支援センターを渡り歩くことがあるためである。複数の機関を訪れて，事業内容や支援員との相性の問題を超えて，ようやくある一つの支援センターで足場を得て，支援を利用できるようになることも少なくない（中村，2017）。提供されているものは同じでも，相性のようなものがある。社会資源が本当の意味で支援となるのは，それを必要とする個人が提供されているものを利用できるようになってからなのである。
　さらに，最近，障害学生支援の場において，支援対象者には二つの層があることが指摘されている。つまり，修学支援に代表されるような，障害やニーズについて本人の自覚があって，修学上の社会的障壁を減らすための支援や配慮を提供することが適切であるグループと，むしろ自分の障害やニーズについての理解をもたず，主体的に活動すること，さらにいえば生活者としての自立した生活を送ることがそもそも困難であるために，そうした生活能力そのものを支援することが求められるグループである（湯澤ら，2016）。このことは就労についても当てはめられるだろう。一方には，就労についての障壁をどうすれば乗り越えることができるかを考え，その課題に支援者とともに取り組むことのできるグループがいて，他方には，そもそも何が障壁なのか，乗り越えるとはどういうことなのかのイメージがわかないために支援がぼんやりとするようなグループがある。必然的に，両者は異なる支援の方法を必要としている。そのため，一口に就労のつまずきといっても，真に必要な支援は就労に関するものではない可能性

も考えられる。さらに複雑なことに，後者のグループでは，意識的には就労に困っていると思っており，自分が本当は何に困っているのかに気づいていないということも起こりうる。

●心の専門家の仕事

（1）ニードと関係性の読み取り

したがって，隠れたニーズを読みとり，本人に意識されたニーズと隠れたニードをすり合わせ，その上で現実的な目標や支援における作業を設定することが，支援者には求められる。心の専門家は，いわばこうしたアセスメントや目標設定において，その専門性を発揮できるかもしれない。また，他の支援者が来談した人とともにこうした作業に取り組む際に，両者の関係性について，たとえば話すペースや声の大きさ，作業を進めるテンポ，前向きに取り組むよう背中を押すことと抵抗やためらいを和らげることのバランス，本人の成長につながる負荷のかけ方とその調整など，訴えている問題と隠れたニードの理解などを，コンサルテーションすることもできるだろう。現実的な関わりの中で，隠れたニードと関係性の読みとりを提供しうる。

（2）外傷のケア

しかしながら，心理職としての働きがもっとも活かされるのは，次の点かもしれない。発達障害とはある意味で情報処理プロセスの困難である。通常期待される他者の意図の読みとり，自己の感覚の認識，注意資源の配分，集められた情報の整理・統合，協調的な運動への出力といったことの困難を抱え，このことは，通常期待される形で自己と外界を認識することが難しく，自分が思っている反応が返ってこない，自分にとっての当たり前が奇異にみられる，他者にとっての当たり前がわからない，といった周囲との齟齬の要因となる。言葉を変えれば，こうした人々は，手応えの不確かな世界を生きることになり，それは呼吸をした時に空気が吸えないような怖さかもしれない。それは1つの出合いそこないといえる。

もしも発達障害を抱えた人々がそうした生きづらさを抱えているのだとすると，就労支援においても，この現実との出合いそこないへのケアが求められるにちがいない。支援センターでの現実的な作業が刺激となって，不安を喚起することになる。現実との接触が外傷的な経験となるこうした可能性をケアすることにおいて，心の専門家が重要な役割を果たせる。ある意味で，当事者と支援者との相性のよさとは，この出合いそこないに対するケアが自然に行われていることに起因するのかもしれない。

福祉領域における心理職の役割の少なくとも一つは，このようにして，支援を利用し，現実に取り組める状態になることを手助けすることであるといえる。就労が「働かなければならない」という外的要請によってではなく，ニードに沿った主体的で創造的な活動となるのは，この外傷的経験がケアされた後であり，そのとき，働くことは希望になるだろう。

引用文献

中村恵子（2017）．発達障害者の障害受容の心理社会的プロセスに関する調査研究　新潟青陵学会誌，**9**(1)，21–31.

湯澤正通・髙橋美保・池谷　彩・湯澤美紀・村山光子・黒田美保（2016）．発達障害者の就労に向けた学修と支援──多面的なアセスメントに基づいて　教育心理学年報，**55**，295–303.

9

児童相談所

●児童相談所とは[1]

(1) 児童相談所の設置

児童相談所とは，児童福祉法（以下「法」という）第 12 条に基づき各地方公共団体（都道府県・指定都市・児童相談所設置市等）に設置される児童福祉のための行政機関であり，0 歳から 18 歳未満の児童に関するあらゆる相談に対応している。児童相談所運営指針（2020 年）によると，児童相談所とは，「市町村と適切な協働・連携・役割分担を図りつつ，子どもに関する家庭その他からの相談に応じ，子どもが有する問題又は子どもの真のニーズ，子どもの置かれた環境の状況等を的確に捉え，個々の子どもや家庭に適切な援助を行い，もって子どもの福祉を図るとともに，その権利を擁護すること」を主たる目的とした行政機関である。

もともとは，昭和 22（1947）年の児童福祉法の制定に伴い，戦災浮浪孤児への対応を主に行っていたが，その後も，非行，障害児，不登校と，時代によって変わる家庭や児童の問題について，その都度，その時代の最先端の臨床を担ってきた機関でもある。

昨今では，児童虐待にかかわる報道が多くなされている。実際に児童虐待相談対応件数は右肩上がりに増加しており，令和元（2019）年度は，全国の児童虐待相談対応件数（速報値）が 19 万 3780 件となり，過去最多となっている。児童相談所は，児童虐待に関する通告先であると同時に，子どもに関する総合的な相談機関として，児童虐待以外にも，さまざまな相談を受け付け，積極的な援助を実施している。

(2) 相談体制

児童相談所の相談・判定・指導・措置部門には，児童福祉司と児童心理司が配置される。児童福祉司の仕事は，「子ども，保護者等から子どもの福祉に関する相談に応じること」「必要な調査，社会診断を行うこと」「子ども，保護者，関係者等に必要な支援・指導を行うこと」「子ども，保護者等の関係調整（家族療法など）を行うこと」である。一方，児童心理司の仕事は「子ども，保護者等の相談に応じ，診断面接，心理検査，観察等によって子ども，保護者等に対し心理診断を行うこと」「子ども，保護者，関係者等に心理療法，カウンセリング，助言指導等の指導を行うこと」である。

児童相談所の相談援助活動の原則は，チーム・アプローチと合議制による援助である（厚生労働省，2013）。児童相談所では，基本的に，「社会診断」「心理診断」「医学診断」「行動診断」を実施し，所内での受理・判定・援助方針会議に諮り，児童福祉司，児童心理司，一時保護所

---

1) 本章での相談体制，相談内容にかかる用語の定義は，原則として「児童相談所運営指針」（厚生労働省，2020b）による。

職員である児童指導員・保育士の報告に基づき，援助方針を定める。

　援助の種類については，「助言指導」「継続指導」「訓戒・誓約措置」「児童福祉司指導」「児童福祉施設入所措置」「里親委託」などがある。

(3) 相談内容

　児童相談所が取り扱う相談内容は多岐にわたるが，主な相談は，「養護相談」「障害相談」「非行相談」「育成相談」である。児童相談所の相談の特徴は，「障害相談」「非行相談」「育成相談」であっても，問題の背景に，養育力の弱さや世代間連鎖，児童虐待などが隠れていたり，単独の問題のみではなく複数の問題が絡み合う複雑なケースにも積極的に対応することである。各々の相談内容については，以下のとおりである。

　1) 養護相談　棄児，保護者の収監・病気，居所をもたないことなどにより，家庭において養育者がいない場合や，十分な養育ができない場合，および児童虐待の場合の相談である。児童福祉司が社会調査を行うが，児童心理司は，知能検査や人格検査，面接や観察を行い，子どもの発達の様子，生育歴の確認，親子関係の中でどこにズレが生じているかなどを丁寧にみていき，その結果を保護者や関係者に伝える。心理の視点で，子どもの気持ちを聞き，子どもの育ちを評価し，子どもの現状を説明していく仕事を担っている。養護相談では，その生育歴ゆえに，自分の置かれている環境に明確な疑問をもたなかったり，なかなか本当のことを話せない子どもも多くいる。特に，一時保護中の児童は，自分が児童虐待について話すことにより家族のバランスが損なわれることへの罪悪感や，自分の生活の場が今後どのようになっていくかについて不安をもっている場合もあり，その時々の子どもの感情に寄り添い，丁寧に対応していく。同時に，保護者の面接にも同席し，保護者や家族の見立てを行うこともある。児童虐待に関しては，児童心理司が警察の事情聴取への同席を行う場合もある。施設入所や里親委託になる場合は，心理判定所見に基づき，本人の状況を施設や里親に正確に伝え，今後の援助につなげる。なお，児童心理司が作成する心理判定所見は，施設入所等の措置が親権者等の意に反する場合における家庭裁判所の承認手続き（法第28条第1項）の際に，資料として提出されることがある。施設への入所および里親への委託後も，児童相談所は，児童福祉施設，里親と連携を行い，退所のための支援や，施設内での不適応があった場合の一時保護や面談などを実施している。家族再統合が行われ，施設や里親から在宅に戻ったケースについては，退所後のネットワーク会議に出席し，市町村などと共に，生活状況を把握している。

　2) 非行相談　ぐ犯等相談，触法行為等相談である。ぐ犯等相談とは，虚言癖，浪費癖，家出，浮浪，乱暴，性的逸脱等のぐ犯行為若しくは飲酒，喫煙等の問題行動のある子ども，警察署からぐ犯少年として通告のあった子ども等にかかる相談である。触法行為等相談とは，触法行為があったとして警察署から法第25条による通告のあった子どもや，犯罪少年に関して家庭裁判所から送致のあった子どもに関する相談である。児童福祉司の社会調査に加え，児童心理司が，知能検査，人格検査，面接，観察を実施し，一時保護がある場合は，一時保護中の行動観察も参考とし，所内で処遇を決めていく。背景に発達障害がある場合もあり，必要に応じて医学診断も行い，慎重に見立てを行う。面接では，今現在の自分と将来自分がどうしていきたいかについて丁寧に話をきいていくが，非行少年については，言葉での表現がつたなく，

自分の思いを上手く表現することが苦手な子どもが多いという印象がある。事件の内容，本人の反省度合，家庭の養育力などを総合的に勘案し，訓戒・誓約措置で終了する場合，児童福祉司指導となる場合，児童自立支援施設措置となる場合などがある。

　3）**障害相談**　知的障害児への療育手帳の交付・更新に係る判定，特別児童扶養手当に係る判定，障害に関する相談や障害児入所施設又は指定発達支援医療機関（以下「障害児入所施設等」という）への入所調整，障害児入所施設等の利用契約・措置の手続きが主な仕事となる。障害児を抱えている家族にもさまざまな事情があり，在宅で看られなくなることがある。その際に，その障害児の状態に合った施設へとコーディネートをする役割を担う。障害児入所施設等は待機者が多いが，緊急の際に速やかに入所が可能となるような仕組みつくりを行っている。

　4）**育成相談**　不登校，性格行動，しつけ，適性等に関するものである。不登校相談は，学校や教育委員会が積極的に取り組んでいるが，児童相談所で取り扱うケースは，背景に，家庭内暴力，発達障害，精神疾患，ひきこもりなどの問題を抱えている場合や，児童虐待や保護者の疾病などにより，学校へ行かせてもらえていないなど，複数の要素が絡み合った複雑なケースである。また，性格行動相談についても，親子関係の不調や愛着の問題などにより，依存やリストカット，家庭内暴力や頻繁な家出などのさまざまな問題が複雑に絡み合うケースを取り扱っている。親子の話をよく聞き，関係機関と連携をしながら，必要な支援をつないでいくこととなる。家庭内暴力への介入は難しいが，「暴れなければならないほどの怒りを誰かがきちんと受け止めること」が大切であると感じる。家族でその役割を担うことはもはや困難になっていることが多く，第三者である児童心理司が本人の気持ちをきちんと受け止めて，家族や学校につないでいく。本人が来所できない場合は，主に家族への助言を行う。問題が長期化すればするほど，介入が困難になり，早期対応がとても重要な分野であると感じている。

◉児童相談所の児童心理司の仕事

　児童心理司は，「心理診断」の部分を主に担い，「アセスメント」「ケア」「コンサルテーション」を実施する。

　アセスメントについては，まず，知能検査（WISC-Ⅳ知能検査，田中ビネー知能検査Ⅴ等）や発達検査（新版Ｋ式発達検査等）を用いて，知的レベルや発達のレベルを評価する。あわせて，各種人格検査（PFスタディ，文章完成法テスト，描画等），面接，観察，普段の生活の様子などから，情緒・行動面の特徴とその心的外傷体験の程度，親子関係・家族関係，集団生活（学校，保育所等）での適応状況，虐待者の病理性なども把握し，子どもおよびケースの全体像をみて，心理的な観点から援助の方向性を見極める。所内における面接・観察のみならず，必要に応じて，家庭訪問や学校訪問などの生活場面も利用する。通所の相談であってもアセスメントを実施し，一人ひとりにあった援助方針を定める。

　ケアについては，児童心理司が行う心理面接が，それにあたると考えられる。児童相談所に来る子どもたちは，何らかの傷つきを抱えた子どもたちであり，大人に話を聞いてもらい，自分のことについて一緒に考えてもらう体験が必要である。また，必要に応じて，家族療法を実

施したり，加害児童にかかる教育プログラムを実施したりといった取り組みも行っている。他機関におけるケアが必要であると考えられる場合は，児童福祉施設の心理療法担当職員や，病院，スクールカウンセラーなど，適切な機関に引き継ぎを行うこともある。

　コンサルテーションについては，アセスメントの結果や援助方針について，保護者や学校，医療機関，児童福祉施設など，必要な機関に説明に出向き，援助方針を共有したり，ネットワーク会議に出席し心理的な観点から助言を行う。

　児童相談所の児童心理司のフィールドは決して相談室のみではない。必要があれば，家庭訪問も行うし，学校や施設，病院にも出向く。所内においても，児童福祉司，児童指導員・保育士などと連携してケースに取り組んでいる。

●おわりに

　児童相談所は，子どもを守る最後の砦である。子どもの命を守り，健全な育ちを保障するために，多職種の職員が連携して業務を行っている。業務内容も多岐にわたり，その一つひとつの相談が，複雑かつ困難であるという過酷な現場であるが，児童相談所の強みは，法律に基づいた対応，組織的な対応ができること，多くの児童心理司が勤務しているため，常時相談ができる体制があることである。

　臨床の対象には，相談意欲が低い，相談機関を知らない人たちも多く，介入が難しい場合も少なくはない。まずは，相談の土壌に乗せること，信頼関係を作り，必要な社会資源につなげることが重要である。人との関係を構築することが難しい保護者と出会うことも多いが，一人ひとりが社会の中で一生懸命生きている存在であることに対してリスペクトしていく姿勢が大切である。虐待をしている親に対しても，全否定ではなく，共感できる部分（子育てのたいへんさ，仕事はしっかりと行い社会的な役割は果たしていることなど）はしっかりと受け止め認めた上で，必要なことを伝え，一緒に子どものことを考えていくということである。もう一つ大切なことは，保護者との人間関係は構築するが，一方で，子どもの権利に関する部分については絶対に譲らない姿勢で臨むことである。全否定ではなく部分否定の臨床である。

　児童相談所で扱う相談は，すべてではないが，その背景に何らかの家庭的基盤の弱さを抱えていることが多い。児童心理司の仕事は，本人や家族が示す症状や不調などから，生育歴を丁寧に聞き，検査，観察，面接を行い，これまでの生活史の中から根底にある問題を見つけ出し，問題と現実をつないでいく仕事である。そこから，必要な対策・支援を考えて次の援助へつないでいく。援助の部分は，児童相談所だけではできないことも多いため，関係機関と連携をとって，つないでいくことも重要である。また，傷つきを抱えた子どもたちの話を十分に聞き，一緒に考えていく存在であり続けることも大切である。

　最後に，児童相談所の業務は，多大かつ困難であるがゆえに，職員には，自分自身へのマネジメント能力が非常に求められる。職員は，自身の仕事の優先順位，ケースの進め方の優先順位，連絡時期，連絡先，そのどれ一つを誤っても，重大な結果につながるという危機感をもって仕事に臨んでいる。いかなる相談であっても，根底に子どもへの敬意をもって誠実に仕事に臨むことを心において，児童相談所職員は今日も多大な相談に対応している。

引用文献

厚生労働省（2013）．子ども虐待対応の手引き（平成 25 年 8 月改正）〈https://www.mhlw.go.jp/stf/seisakunitsuite/
　　bunya/kodomo/kodomo_kosodate/dv/hourei.html〉（2020 年 3 月 19 日確認）

厚生労働省（2020a）．令和元年度 児童相談所での児童虐待相談対応件数＜速報値＞〈https://www.mhlw.go.jp/
　　content/000696156.pdf〉（2021 年 1 月 9 日確認）

厚生労働省（2020b）．児童相談所運営指針（令和 2 年 3 月改正）〈https://www.mhlw.go.jp/stf/seisakunitsuite/
　　bunya/kodomo/kodomo_kosodate/dv/hourei.html〉（2020 年 11 月 1 日確認）

参考文献

相澤　仁（編集代表）・川﨑二三彦（編）（2013）．児童相談所・関係機関や地域との連携・協働　明石書店

岡田隆介（編）（2001）．児童虐待と児童相談所──介入的ケースワークと心のケア　金剛出版

10

市町村

◉はじめに

　本章における市町村とは，地方自治体の役所や役場において福祉領域を担う部署（部局や課など）を指す。社会福祉法に基づき制度およびサービスの提供に関する総合的な事務所として，都道府県および市に福祉事務所の設置が義務づけられており，町村でも条例で設置することができるとされている。福祉事務所が支援の対象とするのは，高齢者，障害者，児童，ひとり親，生活困窮者などであり，自治体によっては複数の対象にまたがって組織が編成されることがある。自治体それぞれの施策や配属される部署によって担当する業務が異なるため，筆者のこれまでの経験からでは市町村（福祉事務所）が担う福祉領域全般について，心の専門家がどのようにかかわっているかを詳細に述べることはできない。本章では筆者が所属する部署が担う児童家庭福祉の領域が中心になることをあらかじめお断りしておく。

　市町村の福祉事務所における児童福祉に関する業務は，主に児童福祉法，母子及び父子並びに寡婦福祉法に基づいている。児童手当や医療費助成等の給付制度が大きな柱であるが，公認心理師や臨床心理士をはじめとする心の専門家の専門性が期待されるのは，児童およびその家庭に対する相談支援においてであろう。多くの自治体に家庭児童相談室が設置され，家庭児童相談員が窓口での来所相談や電話相談に応じている。その一方で，考え方や生き方の多様性が広く認められる社会が目指され児童を取り巻く環境が複雑になっていく中，深刻な児童虐待の犠牲になる事例が後を絶たない。重篤な事例が起きる度に児童福祉法が改正され児童相談所に子どもを守る機能が強化されてきたが，子育て支援として家庭により身近な市町村に親と子どもを支援する役割が求められてきている。来談や電話相談といった従来の関わりだけでなく，自宅などへ赴いて家庭と能動的に関わっていく，いわゆる「アウトリーチ」においても心の専門家が対応することへの期待が高まっているように感じている。実際の対応においては児童福祉法や児童虐待防止法に基づくガイドライン等が指針となっているが，児童相談所には児童福祉司や児童心理司といった福祉学や心理学のバックボーンをもつ職員が配置される一方，市町村では一般行政職も相談支援の一端を担っていることが珍しくなく，部署内でも心の専門家としての見立てや発言が注目されていることを実感している。

◉家庭児童相談室と要保護児童対策地域協議会，市町村子ども家庭総合支援拠点

　各自治体の政策方針によって異なる部分はあるものの，市町村の児童福祉領域で心の専門家

が携わる部門には，家庭児童相談室や要保護児童対策地域協議会，市町村子ども家庭総合支援拠点があげられる。

　家庭児童相談室は，それまであらゆる児童家庭相談は児童相談所が対応してきたが，児童家庭福祉に関するニーズの高まりを背景に，昭和39（1964）年に家庭における適正な児童養育，その他家庭児童福祉の向上を図るため，福祉事務所の家庭児童福祉に関する相談指導業務を充実強化するために設置できるようになった（昭和39年4月22日発児第92号 家庭児童相談室の設置運営について（厚生労働省，1964））。平成16（2004）年に改正された児童福祉法と児童虐待防止法により，地域住民のもっとも身近な機関として市町村（福祉事務所）が虐待を通告できる機関として追加された。翌平成17（2005）年には，市町村児童家庭相談援助指針（平成17年2月25日雇児発第0225001号）が策定され（厚生労働省，2007），要保護児童対策地域協議会を設置できるようになった。この協議会は，虐待を受けた子どもをはじめとする要保護児童の早期発見や保護を図るため，地域の関係機関や民間団体等が情報や考え方を共有し，適切な連携のもとで援助していくためのネットワークであり，参加機関には守秘義務が課せられる。この協議会の枠組みを利用しながら，福祉事務所は次のような業務を行う（児童福祉法第10条）。

　　①児童および妊産婦の福祉に関し，必要な実情の把握に努めること
　　②児童および妊産婦の福祉に関し，必要な情報の提供を行うこと
　　③児童および妊婦の福祉に関し，家庭のその他の相談に応ずること並びに必要な調査および指導を行うこと並びにこれらに付随する業務を行うこと

　家庭児童相談室の運営については児童相談所や保健所，学校，警察等の児童福祉関係諸機関との連絡調整を緊密にすること，とあり児童福祉法第11条では，児童相談所が第10条に掲げる市町村の業務の実施に関し，市町村間の相互の連絡調整，市町村に対する情報の提供，市町村職員の研修その他必要な援助を行うこと及びこれらに付随する業務を行うこととされており，児童相談所と市町村が担う役割には重複する部分が多い。しかし，安部（2014）によると

表Ⅲ-10-1　児童相談所と市町村の違い（安部，2014）

	児童相談所	市町村
できること	・立ち入り調査 ・一時保護 ・施設入所 ・親権喪失宣告の請求　など	・子育て支援サービス ・生活支援（窓口） ・健診 ・行政情報収集　など
前提	児童福祉 （子どもの権利擁護）	家族支援 （住民全員の福利厚生）
保護者との対立	可能（役割）	困難
中心的な手法	危機対応（危機回避のためにリーダーシップを発揮）	ケースマネジメント（本人参加と多機関連携による継続的な支援）
期待されること	・子どもの安全確保 ・アセスメントと支援策の提示 ・積極的関与　など	・家族（子育て）支援 ・長期的な関わり ・積極的関与　など
限界	・分離は万能ではない ・長期的継続的支援	・保護者から関わりを拒否されれば対応困難

児童相談所と市町村の役割の違いは，表Ⅲ-10-1 のようにまとめられる。

　児童虐待の認知件数が増加したことで，平成 28（2016）年改正の児童福祉法では市区町村子ども家庭総合支援拠点が創設され，柏女（2017）は地域包括的・継続的支援の源となることが期待されているとしている。支援拠点は地域の実情を踏まえた運営となるため，実際に家庭と関わる立場からの意見が反映されやすい部分ともいえる。心の専門家として家庭の課題や強みを見立てる力，その見立てを相談支援に応用する技術だけでなく，地域に住む子育て世帯が必要とする支援や家庭それぞれのニーズを満たす支援策がどんなものであるかを，所属する部署や連携する機関にフィードバックする力も必要とされるだろう。

●市町村における支援の実際

　児童の領域にかかわらず，福祉の場においては支援の対象となる家庭が必ずしも自ら援助を求めるわけではない。児童福祉分野でいえば，不適切な養育の連鎖に陥っている親は自ら援助を求められない，援助を要請できることを知らないことも多い。近年の児童虐待の死亡事例における裁判では，DV（配偶者間暴力）が背景にあったことも争点とされている。そういった実情がある中で，市町村の職員が支援対象となる家庭とどのように出会い，どのような関わりを行っていくのか，ある事例を紹介したい。

　母子家庭として生活していた母親 A は，交際していた男性との間に B を授かるが，仕事を求めて転居した男性の後を追い，前夫との子 C を連れて本市へ転入。転居の際に健康保険の加入が滞ったことに加え経済的に余裕がなかったこともあり，妊婦健康診査を受けることなく B を出産。C については，出産直前に A 自ら児童相談所へ連絡し一時的に預けたが，A が家庭での養育を強く希望したため，退院後に C を引き取ることとなった。出産後，Y 病院が A に今後の生活について確認すると，A 自身が精神疾患を抱えていることなどが話された。A の養育能力，交際男性の勤労態度を含めた経済状況の見通しが立たず，B および C の養育が十分になされるのか，Y 病院が市の要保護児童対策地域協議会へ報告。この時点で，市町村は支援が必要と思われる A 家庭の存在を知ることとなる。児童相談所をはじめとした子育てにかかわる関係機関が集まり，この家庭に必要な支援を確認した後，A の意向を踏まえて家庭での養育をサポートしていく関わりが始まった。A が児童相談所に自発的に C を預けたこともあり，児童相談所が生活状況を把握するための家庭訪問に同行する形で，A に市町村が提供する子育て支援サービスの導入を検討してもらうために児童福祉課の担当者として筆者が紹介された。この時初めて A や B・C に出会うのだが，A には心の専門家というよりも市の職員と認識され，以後その認識が心の専門家に改められることもなかった。

　転入時に健康保険の未加入があったように，行政サービスを支障なく受けるための手続きが苦手であった A の知的水準も考慮し，B の乳幼児健診や予防接種が抜け落ちないこと，A 自身の精神疾患を悪化させないこともこの家庭を支援する重要なポイントとみなされていた。この点においては保健所の母子保健担当，精神保健担当，それぞれの保健師も家庭訪問等により A の家庭の生活状況を把握していくことで経過を見守っている。不適切な養育により B や C が危機的な状況に陥っていないか，仮に陥っていればどういった危機介入あるいは支援が必要かを素早くアセスメントするため，それぞれの機関が把握した情報を共有する機関連携も並行し

て行われる。心の専門家として学ぶ、守秘義務、秘密保持の考え方との間に葛藤する場面もあるが、法律（筆者の業務の場合は児童福祉法）の範囲内においてはその行為が認められている。

　市町村の児童福祉担当課の担当者としてＡの家庭に関わった際には、まず関係性を築くこと、具体的には日常生活においてささいなことであっても「困った」と言える場所であったり、困ったときに連絡しようと思いつく人になることを心がけた。そのためには、心理的な課題に取り組むことよりも先に生活自体を援助することが有効なこともある。Ａは行政上の手続きが不得手だったことから、理解できるように手続きの流れを説明し、必要な書類等の確認、実際の申請に立ち会う必要があった。同様にＣの就園についても積極的にＡに連絡を入れ、就園に必要な行動を取れるように具体的な指示をすることで促していった。初期にこういった関わりがあったことで、交際男性の就労が上手くいかず生活困窮に陥るとＡから「緊急事態」とＳＯＳが出されたり、さらには交際男性が養育に協力的でなくＡが一人で抱えることの精神的、身体的両面でのつらさが語られるようになった。Ａのもともとの精神疾患からくる不眠とＢの授乳による断眠が重なり、子育て支援ショートステイ（宿泊型有料預かりサービス）を利用したいとの意向が語られることもあった。事前に日程を調整した家庭訪問でＡの気持ちを聞く場合もあるが、Ａからの突発的な連絡で家庭状況が変わっていることを知ることもあり、一刻を争う状況なのか、それとも次の機会を待てる状況なのかを見極めながらその都度の対応を迫られることが児童福祉現場の実際であろう。児の生活やともすると生命の危機に瀕する場合は、来所して相談を受けるといった時間的猶予がなく、家庭訪問による対応、つまり自分たちから家庭に会いに行くことになる。この点では、相談室での面接に対応するスキルを身につけることだけが心の専門家に求められるスキルではないといえる。支援が必要な家庭に能動的につながっていく、そのためのスキルが求められる。

　Ａ自身が安定した家庭で育てられてこなかったことが影響していると思われるが、離婚や再婚を繰り返す親は安定した対人関係を築くことが難しい。また、交際相手や再婚相手も不安定な関係性のスタイルをもっていることもある。実子ではないという理由で虐待を受ける場合も珍しくない。Ｃは、人懐っこさはあるものの多動で落ち着きのなさがみられ指示に従えない傾向があり、交際男性から怒鳴られることが度々あった。仕事が思うように続かない交際男性の不満のはけ口ともなっていたのかもしれない。こういった家庭内の関係からＣの落ち着きのなさが増し、Ａは交際男性との不安定な関係性と、Ｃの対応への困り感、そしてＢの育児負担が重なり、精神状態を悪化させる悪循環に陥ってしまう。児童相談所からＡに生活の立て直しのためにＢやＣの一時保護について提案がなされたものの、生活費捻出のために精神科受診を後回しにしていた状況でもあった。Ａは筆者に電話連絡をしてくるが「ぼーっとして何も考えられない」と語り、Ａ自身がどうしたらいいのか、またどのような援助を必要とするのかさえも判断できない状態にあった。リスクの高い状況であることが児童相談所と共有され、再度家庭訪問をしてＡの意向を確認すると、ＢやＣの安心・安全を守るために今の生活から脱したい思いと、親としての愛情や養育することの責任の間で揺れる思いが語られた。筆者らがその思いに耳を傾けたことで、Ａは交際男性と別れ、Ｃを児童相談所に預け生活を立て直すために生活困窮相談を受けることを決意した。依然としてエネルギーの乏しい状態であることは変わりなく、筆者は生活困窮相談に同行した。ここでも心理的な課題を扱うというよりはまず生活できる環境を確保するための行動を促すことが関わりの軸となっている。結果的には、別の男性との関係ができたために生活保護を受給することなくＢを在宅で養育していくが、その

男性とともに一家で市外へ転居したことで，関係機関による継続的な関わりを終結することとなった。

◉市町村における心の専門家の専門性

　安部（2014）がまとめているように，児童相談所が子どもの権利擁護を前提としているのに対し，市町村に期待されていることは家族（子育て）支援である。これは親への支援を通して子どもを支えることといえる。このような役割を担う市町村において，心の専門家としてどのような姿勢で家族と関わっていくのか。上記事例のように，親の障害と児の発達特性による育児負担感，ひとり親であるがゆえの生活難，また配偶者等との不安定な関係など，福祉領域の課題を網羅するような場合もある。現在の業務では生活そのものを支援している感覚に陥ることも多々あるが，心の専門家としての専門性は「関係性をどう見立て，どのように扱うか」にあるように考えている。子どもに体罰を加える，言葉の暴力を浴びせる，心と身体が十分に成長するだけの環境を与えないといった不適切な養育に陥っている親に出会ったとき，その行為そのものは子どもにとっては良くないものであるが，その親を支援するためには良し悪しの物差しで測るだけでなく，親が子どもとの関係で不適切な養育という悪循環に陥ってしまう背景をみていく必要がある。母親あるいは父親，さらには祖父母がどのような人生を歩んできたのか，その背景をもった親が子育てにどのような考えをもっているのか，そういった相手に別個の人生を歩んできた自分自身の言動がどのような気持ちや考えを喚起させるのか，その見立てを相談支援に活かすことが心の専門家にできることだと考えている。

引用文献
安部計彦（2014）．困難を抱える子ども若者の相談業務にかかわる公的機関職員研修（資料）　児童虐待が与える影響
　　〈https://www8.cao.go.jp/youth/suisin/pdf/soudan/10/s12.pdf〉（2020 年 12 月 10 日確認）
柏女霊峰（2017）．これからの子ども・子育て支援を考える―共生社会の創出をめざして　ミネルヴァ書房
厚生労働省（1964）．家庭児童相談室の設置運営について〈https://www.mhlw.go.jp/web/t_doc?dataId=00ta8964&dataType=1&pageNo=1〉（2020 年 12 月 10 日確認）
厚生労働省（2007）．市町村児童家庭相談援助指針〈https://www.mhlw.go.jp/bunya/kodomo/dv11/index2.html〉
　　（2020 年 12 月 10 日確認）

参考文献
柏女霊峰（2018）．子ども家庭福祉論 第 5 版　誠信書房
八木安理子（2016）．第 7 章 市区町村における支援　安部計彦・加藤曜子・三上邦彦（編）ネグレクトされた子ども
　　への支援―理解と対応のハンドブック　明石書店　pp.157-158.
山縣文治（2018）．子ども家庭福祉論 第 2 版　ミネルヴァ書房

IV　福祉心理臨床における課題と心理支援

　特定の機関には限定できない現在の福祉領域における心理的課題について取り上げ，社会全体として取り組んでいかなくてはならない今日的な課題に，心理職がいかにその専門性を発揮して活動をしていくことができるのかということについて概説をしていく。

1

子どもの貧困

●わが国における貧困問題

2008 年秋のリーマンショックに端を発した世界同時不況の影響を受け，会社側の都合によって，非正規雇用者が雇い止めとなったり，派遣社員の雇用が打ち切られたりしたことが社会に衝撃を与えた。普通に働いていた人が突然仕事を失い，住まいをも奪われることがあるということが，それまで普通だと思われていた生活が実は普通でないという事実を私たちに突き付けた。そしてこれら一連のできごとは，わが国のセーフティネットの脆弱さや，産業構造の変化や歪みが引き起こす問題を浮かび上がらせ，それと同時にホームレス，生活保護，ワーキングプア，ネットカフェ難民等，さまざまなフェーズで表れる「大人の貧困」を，私たちの社会がどう解決すべきか，難しい課題を提示することになった。

これと並行して，経済的困窮世帯で暮らしている子どもの問題，すなわち「子どもの貧困」もまたクローズアップされるようになった。家庭の経済的理由で生活必需品や学用品を購入できなかったり，進路が制約されたりしている子どもの存在が各種メディアで取り上げられた。政府によって発表された子どもの相対的貧困率は，直近の 2018 年において 13.5% であり，これは「約 7 人に 1 人の子どもが貧困である」ことを指し示す。未来を担う子どもたちが，家庭の経済的事情によって不利を被ることがないようにするにはどうすればよいか，そして貧困が次の世代に連鎖することのないようにするにはどうすればよいか，官民の垣根を越えて子どもの貧困問題は議論され続けている。

そのような議論の中には，子どもの貧困に対し，「本当に貧困なのか」と疑問を呈する声が一部ある。これは，わが国の貧困が食べることもままならないといった絶対的貧困でなく，貧困に起因する生活の困り感が周囲から気づかれにくい相対的貧困であるという点が関係している。相対的貧困とは，「人々がある社会の中で生活するためには，その社会の「普通」の生活レベルから一定距離以内の生活レベルが必要である」という考え方に基づいている（阿部，2008）。貧困かどうかの判断が所属する社会集団内での比較によってなされるため，どこから貧困なのかが一般に理解されにくい。「見ようとしなければ見えない」，それがわが国の貧困問題である（山野，2014）。

●国の動き

世論の後押しを受け，国は，貧困とその支援に関する法制度を整えてきた。元来わが国のセーフティネットは，健康保険と年金等の社会保険制度と，生活保護制度の二つの層で構成され

てきた。しかしながら，この二つのセーフティネットの間には大きな隙間があり，たとえば生活保護に至る前に利用できる仕組みが無いことが，長い間課題とされてきた。このことを受け，2013（平成25）年に成立したのが，生活困窮者自立支援法である。生活保護に至る前の段階で，当事者の自立を支援することが目的であり，自立相談支援事業，住居確保給付金の支給，就労準備支援事業，一時生活支援事業，家計相談支援事業，子どもの学習支援事業等から成る。同法では生活困窮者を「現に経済的に困窮し，最低限度の生活を維持することができなくなるおそれのある者」と，できる限り対象を広く捉え，排除のない対応を行うことをその理念としている。

　一方，2013（平成25）年に成立したのが子どもの貧困対策の推進に関する法律（以下，子どもの貧困対策推進法）である。同法の大綱では，子どもの貧困対策に関する指標改善に向けて，教育の支援，生活の支援，保護者に対する就労の支援，そして経済的支援が重点施策として盛り込まれた。特に教育の支援では，学校をプラットフォームとした総合的な子どもの貧困対策を行うとしたことが注目されている。この法律はいわゆる理念法と呼ばれるもので，具体的な予算を伴った支援施策や，規制や罰則があるわけではない。しかしながら，省庁横断的に子どもの貧困問題を支援する枠組みを呈示したことは意味があったと考える。内閣府は，子どもの貧困対策として，各省庁の事業を教育支援の事業，生活支援の事業，経済支援の事業，そして就労支援の事業とに分けて整理している（内閣府，2015）。

●貧困をみる視点

　私たち，心理職の元に，貧困を主訴とする子どもの相談が届けられることは一般に少ないだろう。児童養護施設に在籍する子どもを除けば，生活保護受給世帯や相対的貧困基準以下で生活する子どもの支援については，心理支援の文脈において論じられることはこれまで少なかったように思う。しかしながら，不登校，マルトリートメント（不適切な養育），そして愛着の問題の背景に家庭の貧困が隠れていることは多い。また貧困は，みえにくいだけでなく，当事者自らが声を上げにくいという特徴ももつ。当事者である子どもやその保護者は，貧困に対する社会の偏見やスティグマ（間違った認識や根拠のない認識）を恐れて，貧困であることを意図的に隠したり，家庭の経済状況を口にすることが少なかったりする。これらのことが，貧困への気づきと理解をより困難にしてしまっている。

　それゆえ，子どもと関わる心理職は，普段から貧困に対するアンテナの感度をよくしておくことが必要である。問題の背景に貧困があると，その問題はより複雑化し，支援も困難となることが多い。学校場面を例にあげれば，朝食を食べていない，遅刻，居眠り，同じ服を着続けている，学用品が揃わない，学業不振，精神的不安定，不登校，友だちへの暴力，非行といった問題の背景に貧困が隠れていることがある。貧困の存在を感じ取る視点がないと，その子どもの問題は内面の問題として扱われるか，単に関わりが難しい子どもとだけみなされてしまい，背景にある本質的な問題が見過ごされてしまうことになる。

　家庭の経済状況を尋ねることには心理的な抵抗が伴うが，要支援者の問題への適切な支援や見立てのためには，経済的状況のアセスメントは重要である。それゆえ主訴とされた問題と家庭の経済事情が関係していると思われた場合は，保護者に対しては，生活の困り感といった主観的な指標に加え，必要に応じて，生活保護，児童扶養手当，そして就学援助の受給の有無とい

った客観的な指標について尋ねてみてもよい。子どもであっても，保護者の仕事の状況や親子で関われる時間を尋ねたり，「あなたやお家の人は，お金のことで困っていることはないか？」と直接聞いてみたりしてもよい。

●貧困との関わり

　支援においては，他の心理支援と同様，まずは要支援者の困り感に寄り添いつつ共感し，要支援者が体験している内面を受容することが重要であることに変わりはない。子どもにおいては特にこのことが重要であり，貧困に起因する多面的・重層的な影響を受け，自尊心が低下している子どもや，内面の不安定さが，非行行為や暴力的な行為といった行動上の問題として表れる子どももいる。問題の表出の仕方はそれぞれでも，共通していえるのは，彼らは周囲の家庭との違いを敏感に感じ取り，言葉にできない鬱屈した思いを内面に抱えているということである。心理職は，背景にある貧困が目の前の子どもにどのように影響しているのか，子どもがそのような環境の中でどのように感じ，何を考えながらこれまで生きてきたのかについて，想像力を働かせて問題を理解する必要がある。

　貧困問題の複雑さを考えた時，その関わりにおいてはソーシャル・ケースワーク（以下，ケースワーク）の視点をもつことも重要であろう。ケースワークとは，要支援者と支援制度とを積極的に結びつけていくことである。要支援者の中には，支援を必要としながらも，支援の情報を知らなかったり，知っていても支援を受ける方法を知らなかったりする人もいる。また貧困の影響によって何かを変えようという意欲を喪失していたり，SOSを自ら出せない状態に陥ってしまったりしている場合もある。それゆえ，まずは心理職が，生活保護制度，生活困窮者自立支援法，そして子どもの貧困対策推進法等，貧困支援と関連する法制度とサービスについて，その内容を理解しておくことが肝要である。そして要支援者からの自発的な相談を期待することが難しい場合，たとえば保護者と情報共有したくても，保護者が多忙だったり，保護者自身が精神的な問題を抱えたりして，保護者とつながることが難しい場合には，心理職が要支援者の生活するコミュニティにアウトリーチすることも必要となる。要支援者の生活場面に赴き，その支援ニーズを聞き取りながら，上記の支援制度や地域の社会資源につなげていくことが求められる。もし地域の社会資源が不足しているのなら，必要と思われるサービスを創設したり，その必要性を行政や社会全体に求めたりといったソーシャルアクションを行うことも時に重要である。

　一方，心理職と要支援者の関わりが，単体で存在しただけでは，その支援は単調かつ断続的なものとなってしまう。このことは，貧困に起因した複雑な課題を抱える子どもや家族を心理職が抱え込んでしまったり，支援が行き詰まったりしてしまうことを意味する。このような状態を回避するためには，他の専門職や地域との連携・協働を普段から意識しておくことである。連携・協働は，公認心理師法でも重視される点であり（公認心理師法第42条），子どもの貧困においては，保護者や学校はもちろんのこと，児童相談所，福祉事務所，自立相談支援窓口といった行政機関や，地域のNPOが行う学習支援や子ども食堂も視野に入れておくとよいであろう。家や学校が居場所となりえていない子どもたちにとっては，これら地域のリソースを用いた居場所支援が有効な場合もある。以下では，実際の支援例として，生活困窮世帯の子どもの学習支援に参加している中学生の事例を取り上げる。

●事　例

　生活困窮世帯の子どもの学習支援（以下，学習支援）とは，生活保護世帯やひとり親世帯等の子どもに対し，教育的側面からの支援を届ける施策であり，生活困窮者自立支援法の任意事業の一つに数えられる。筆者は現在，ある自治体の行う学習支援に携わっている。以下では，筆者が関わった中学3年生の女子（A）の事例を紹介する。なおプライバシーの問題に考慮し，いくつかの事例を組み合わせる等，本質を損なわない程度に内容の改変を施してある。

　Aは，生活保護受給世帯で，母親と二人で暮らしていた。母親は精神疾患を抱えており，就労が難しく，家事全般もAさんが担っていた。Aと母親の関係は悪く，母親はAに対し早く家を出るよう求めていた。学校の成績はオール1で，学校を休むことが多く，行っても授業を抜け出していた。また夜間徘徊等で，複数回補導された経歴もあった。学校生活に関してAは，「先生はうざいけど，友達といると楽しい。でも友達の前ではキャラを演じている。家に帰ってから突然涙が出てくることもある」と話した。

　Aは，学習支援に関し，「勉強もおしゃべりも楽しい。家の愚痴も聞いてくれるところがいい」と話した。その一方で，「私バカだから勉強はどうせわからない。高校は無理だと思う。母親からもいわれているので，就職を考えている。家を出て一人暮らしをする」とも口にした。またインターネットで知り合った男性と会っていることがわかり，心配していることを伝えると，「リアルな友だちには私の悩みなんて話せないしわかってもらえない。それにリアルな友だちの方が怖い」と話した。そこでAに対しては，勉強への無力感から来る傷つきを受け止め，家庭や友人に関する悩みに耳を傾けることにし，進路については，高校進学であれ，就職であれ，彼女が選択する進路を尊重していくことを支援方針とした。

　支援を開始して数ヵ月，Aに変化がみられるようになった。たとえば，「テストはこれまで0点ばかりだったけど，今回は7点だった。わかるところは点が取れた」や，「普通の高校は無理だけど，今から頑張れば定時制高校ならギリ入れるかも」と，学習や進路に対して前向きな言葉が聞かれるようになった。しかしながら，これからいよいよ受験シーズンに入るという時，Aから「お母さんが高校進学に反対している」との訴えがあった。高校進学が視野に入ると，子どもの進学に急に反対する保護者に出会うことがある。恐らくは，お金の問題が現実的となり，保護者自身，先行きの不透明さから来る不安が強く喚起されるからだと考えている。筆者が事情を聞くために母親に連絡を取ったところ，母親は「あの子にはいろいろと迷惑をかけられた。何度学校に頭を下げたかわからない。それに高校に行ったとしてもどうせ続かない。お金が無駄になるだけ」と興奮気味に話した。

　そこで筆者は，まずは母親の不安に理解を示し，その上で学習支援でのAのこれまでのがんばりを辛抱強く伝えた。またAの家族を担当する福祉事務所のケースワーカーを介して，高等学校等就学支援金制度や母子父子寡婦福祉資金貸付金制度，そして高校進学に際して実際に必要となる費用について説明をしてもらった。さらにAが通う学校のスクールソーシャルワーカーを介し，Aの将来にとって進学することの大切さを学校から母親に説明してもらうようお願いした。その結果，母親は徐々にAの進学に理解を示すようになり，最終的にAの受験を認めてくれるに至った。その後，定時制高校に無事合格したAは，勉強とアルバイトを両立させながら，自分の人生を歩みつつある。

●おわりに

　学習支援において，以前，ある中学生が「オレ，ここに来ると落ち着く」とボソリと話した。するとそれに呼応するように，前に居た中学生が「その気持ち，むっちゃわかる」と口にした。何気ない中学生のやりとりだが，彼らが置かれている生活環境を知る時，その言葉が胸に深く響いてくる。彼らの中には，日常の物で溢れかえったワンルームで精神疾患を抱える母親のケアをしながら暮らしている者や，生活費のやりくりを，金銭問題を抱える親に代わって行っている者もいる。彼らは着る服が無いわけでも，食べるものが無いわけでも，住む家が無いわけでもない。しかしながら，彼らに気の休まる時間が果たしてありうるのだろうかと考えてしまう。家庭が貧困であるからといって，子どもが心の問題を必ずしも抱えるわけではない。学習支援で出会う子どもたちも，その多くは快活で，心身ともに健康にみえる。しかし，ふとした瞬間に彼らが人知れず重荷を抱え，苦悩している姿を感じることがあるのもまた事実である。貧困を抱える家族，そしてその子どもの育ちを支えるために，臨床心理学を専門とする心理職の立場からどのような貢献ができるのか，今一度考えてみる必要がある。

引用文献

阿部　彩（2008）．子どもの貧困―日本の不公平を考える　岩波書店

内閣府（2015）．子供の未来応援国民運動〈https://www.kodomohinkon.go.jp〉（2020 年 2 月 6 日確認）

山野良一（2014）．子どもに貧困を押しつける国・日本　光文社

2

被害者支援

◉被害者とは

　被害者支援というとき，どのような被害者を思い浮かべるだろうか。虐待の被害者，いじめの被害者，DV などの被害者，犯罪の被害者等々，さまざまな被害者があげられる。共通していえることは，誰も被害者になろうとしているわけではないということである。つまり，自分の意志とは関係なく，被害を受けてしまうということであり，個人の主体性を踏みにじられているということである。被害者支援にあたるとき，この点を十分理解しておく必要がある。その上で，主に犯罪被害者への支援について述べることとする。

　さまざまな犯罪や事件のニュースが毎日のようにテレビや新聞，インターネットなどを通して伝えられている。犯罪被害の実態を知り，被害による心身への影響と被害からの回復，被害者支援に関して紹介する。なお，ここでいう犯罪被害者とは，犯罪被害にあった当事者，および殺人事件などの場合には被害者遺族を含むものとする。

◉犯罪被害の実態

　犯罪被害について考える際に犯罪の発生状況を正確に把握しておくことが必要である。令和元年度犯罪白書（法務省，2019）によると，2018（平成 30）年の刑法犯の認知件数は 81 万 7,338 件である。人が被害者となった刑法犯の認知件数を年齢層別にみると，20 〜 29 歳の被害件数（総数の 20.5％）がもっとも多かった。殺人の認知件数は 915 件であった。このように認知された犯罪件数だけでなく，一般国民を対象とした暗数調査として，第 5 回調査「安全・安心な社会づくりのための基礎調査」(2019) が実施されている。全犯罪被害のいずれかに遭った者の比率は，過去 5 年間で全回答者の 23.8％，2018（平成 30）年 1 年間では 7.0％であった。個人に対する窃盗および暴行・脅迫では約 4 割が被害申告をしたのに対し，性的事件，ストーカー行為および DV では約 1 割から 2 割にとどまるなど，被害態様による差がみられた。過去 5 年間の性的事件の被害率は 1.0％だったが，捜査機関に被害を届け出なかった者の割合は 80.0％もあり，暗数がかなり多くあることがうかがわれる。

◉犯罪被害者の心理

(1) 犯罪被害の影響

　犯罪被害にあうという予期しない出来事は，心や身体に大きな影響を及ぼす。中島（2008）

は，犯罪被害の影響を大きく二つに分けている。一つは被害による直接の障害であり，もう一つは被害により新たに生じる負担である。直接的な障害とは，身体的負傷や精神的衝撃，財産の被害などのことである。また，新たに生じる負担とは，休職や休学，収入の減少，医療や裁判関係の費用の出費などによる生活上の困難などであるとしている。

　被害者は，事件直後から多くの負担を強いられる。精神的ショックが大きい中でも，現実的にはさまざまな手配や手続きなどを行わなければならない。メディアスクラムという集中的な取材攻勢も二次被害になりうる。報道によってプライバシーが世間に曝された結果，住居や職場を変えざるをえない状況になってしまった例もある。二次被害は事件後，捜査の段階，裁判の段階，その他さまざまに起こりうるものであるが，防止への配慮はまだ十分といえない。そのような状況で，生活に支障をきたすようになると，三次被害といえる。犯罪被害者の支援にあたる場合には，支援者ですら二次被害を与えてしまう危険性があるということを心に留めておくべきであろう。

　1）PTSD（心的外傷後ストレス障害）　　犯罪や事件に巻き込まれたとき，被害者は，何も考えられなくなったり，食事がのどを通らなかったり，逆に興奮したり，眠れなかったりするなど，普段と異なる状態になる。これらは，DSM-5（American Psychiatric Association, 2013）によると，急性ストレス障害（ASD: Acute Stress Disorder）といわれるものである。あまりにもショックな出来事があると，私たちの心の防御反応としてこのような状態になるという。つまり，異常な事態に対する正常な反応であるともいえる。ただし，これらの症状が1ヵ月以上も続く場合は，心的外傷後ストレス障害（PTSD: Post Traumatic Stress Disorder）に移行することもあるので，早めに対応することが必要である。DSM-5のPTSDの診断基準によると，心的外傷となる体験による侵入症状，回避，認知と気分の陰性の変化，覚醒度と反応性の著しい変化が主な症状とされている。事件のあった季節，現場に似た光景，何らかの言葉などが，引き金となって，トラウマとなる体験がよみがえること（フラッシュバック）がある。事件にあった日や命日などが近づくと，精神的に苦しくなったり，体調が崩れたりすることもある。これは「記念日反応」といわれるものである。事件から何年か経って日常生活を普通に送っているようにみえる方でも，急に涙が出てきたり，突然のフラッシュバックに悩まされたりすることもあると聞くと，PTSDからの回復は容易ではないと実感させられる。

　2）喪失と悲嘆　　犯罪被害にあうと，被害者は身体的にも精神的にも大切なものが失われる。大切な家族の命が失われることもある。犯罪は人為的に起こされるものであるがゆえに，他者への信頼が揺らぎ，人間不信に陥ることもある。なにより安心で安全な生活が失われる。これらの喪失は，大きな悲嘆をもたらす。悲しみに沈みこんで，何もできなくなってしまう場合もある。このような悲嘆について，ヤコブスら（Jacobs, et al., 2000）は「外傷性悲嘆（traumatic grief）」，ホロヴィッツら（Horowitz, et al., 1997）は「複雑性悲嘆（complicated grief）」といっている。悲嘆が慢性化・長期化することは，精神的に苦痛をもたらすだけでなく，その影響が身体症状として現れ，日常生活に支障をきたすこともある。逆に，被害者の中には，ゆっくり悲しむことすらままならない場合もある。感情が麻痺して泣けない人もいる。悲嘆にくれることによって生活が成り立たなくなることを恐れ，無理をすることもある。したがって，被害者の喪失や悲嘆の問題にもケアや治療的介入が必要であるといえる。

◉犯罪被害者の支援施策

　犯罪被害者支援は，1991年に「犯罪被害給付制度発足10周年記念シンポジウム」において，被害者自身によって精神的援助の必要性が強く指摘されたことから，1992年に日本で初めて「犯罪被害者相談室」が設置された。その後，「被害者支援団体」が各地に設立され，1998年に「全国被害者支援ネットワーク」が組織された。2000年5月にはいわゆる犯罪被害者保護二法が成立した。これによって，犯罪被害者に裁判での優先傍聴や意見陳述が認められた。また，性犯罪の証言時のプライバシーおよび安全保護（付き添い・遮蔽・ビデオリンクの許可）が確保されることとなった。2004年に犯罪被害者等基本法が成立し，2005年に犯罪被害者等基本計画が策定された。法律ができたことにより，犯罪被害者の精神的健康の回復が国の責務として掲げられたのである。2016年からの第3次犯罪被害者等基本計画のもと，損害賠償命令制度の創設や犯罪被害給付制度の拡充，被害者参加制度，少年審判の傍聴制度等の創設等が行われた。カウンセリング等心理療法の費用の負担やPTSDの診断および治療（認知療法・認知行動療法）に係る医療保険適用の拡大，ワンストップ支援センターの設置促進などが盛り込まれている。

　地方公共団体においても，総合的対応窓口の設置や，犯罪被害者等に関する条例の制定等が行われている。犯罪被害者やその遺族等，当事者の意見を反映し，犯罪被害者等のための施策が大きく進展してきたといえる。しかし，まだまだ支援が不十分な面も多く，被害者へのさらなる配慮は必要である。

◉被害からの回復

（1）いくつかのアプローチ

　ハーマン（Herman, 1992）は，心的外傷（トラウマ）からの回復を3段階に想定し，「安全の確立」「想起と服喪追悼」「通常生活との再統合」の順で螺旋状に進むことを示している。トラウマ反応に焦点づけた心理療法に「トラウマ焦点化認知行動療法」がある。安全な場所でトラウマティックな記憶に向き合うことにより，トラウマ反応に振り回されない生活を目指す認知行動療法である。西脇・坪井（2018）によると，たとえば，公益社団法人被害者支援都民センターのプログラムには，「持続エクスポージャー法」（Prolonged Exposure Therapy／PE療法），遺族を対象とした「外傷性悲嘆治療プログラム」（Traumatic Greif Treatment Program: TGTP），「子どもとその養育者を対象とした子どものためのトラウマ・フォーカスト認知行動療法」（Trauma-Focused Cognitive Behavior Therapy: TF-CBT）などがあるとのことである。

　このようなトラウマに焦点づけたプログラムだけでなく，多様なアプローチが心理的ケアには求められる。ただ話を聞いてもらいたいという被害者もいる。また被害者にはそれぞれの状況によって，さまざまな心身の症状が示されることがある。不定愁訴のような形や身体症状として示される場合もある。いずれにしても何らかの症状がある場合には，早めに症状に合う診療科および精神科などの医療機関につなぐことが必要である。さらに，喪失体験からの回復や，悲嘆や解離を伴う場合などには，心理社会的なサポートや環境調整も重要であるといえるだろう。

　長井（2004）は，被害者に対する心理支援について，「精神的支援，事務的な支援，法律的な

支援，医療的な支援等々を含む多様な種類の支援をさす」としている。中谷（2005）は民間犯罪被害者支援団体における心理支援について，被害者や家族は一時的に自己コントロール感を崩しやすくなることから，必要な時に心理教育的支援を提供できることが重要であるとしている。精神的支援に限らず，被害感情を克服する手段としての司法制度理解や経済的支援の情報も，被害者遺族の安心感や自己コントロール感の回復につながるとしている。実際に被害者への心理支援を行う場合には，被害者の置かれている状況や事件後の経過について知っておき，事情に合わせた配慮をすることが必要である。また，犯罪被害者の刑事手続きにおける支援に協力した経験のある心理職は「多職種が有機的にかかわることが，犯罪被害者支援に求められるものとしてあるのだとすれば，捜査や司法の関係者の思いを汲み，犯罪被害者についての理解を得ることもまた支援のひとつになる」と述べている（西脇・坪井，2018）。このように，心理職に求められるのは，被害者への心理支援のみならず，被害者に関わる他の専門家や，被害者を取り巻く環境へのアプローチも必要となってくるといえるだろう。

（2）被害当事者グループ

　前田（1999）は被害当事者による自助グループについて，同じ体験をもつ人同士が交流する場を設けることは，心理的援助になると述べている。仲間意識が互いに大きな支えになり，見通しがもてたり，より広い視野から自分をみられるようになったりするとしている。一方でその難しさについても言及し，同じ体験をもつ者でも，異なった意味を見出していることがあると述べている。また，社会的活動をする被害者の中には，悲嘆のプロセスを十分経ないまま，時には喪失を否認したままの状態の人がいることも指摘している。

　太田ら（2018）は，社会的な活動を行っている犯罪被害者遺族14名に半構造化面接および質問紙調査を行い，被害者のレジリエンスを検討している。その結果，①他者への不信感と信頼感の間で揺れ動く段階，②意味を探求する段階，③故人と共に新たな人生を切り開く段階，という循環プロセスの3段階があるとしている。社会的活動を行っている遺族といえども，「トラウマ反応」や「喪失に伴うネガティブな感情」が存在する可能性を示唆している。

　筆者自身，犯罪被害当事者グループのサポートに携わって20年近くになる。犯罪被害は，それまでの人生を一変させてしまう大きな出来事である。事件で家族を亡くすという直接的な被害だけでなく，警察や弁護士，検事などの司法関係者，医療関係者の対応，マスコミの取材や報道のされ方など，二次被害といわれるものをうけたメンバーも少なくない。それでも被害者は事件後の毎日を生きていかねばならない。被害当事者グループのメンバーからは，事件にあったことを忘れたいと思う反面，事件を忘れて欲しくない，風化させたくない，という気持ちがあるとも聞く。グループでの筆者の役割は，メンバーが思う存分話ができるように場をセッティングすることと，メンバーの話を丁寧に聴くことを主としている。必要なことだけは伝えるものの，基本的にはメンバーの方がどうしたいのかを尊重している。当事者グループでは，おかれている状況に応じて，深い悲しみ，憤り，怒り，さみしさ，苦しさ，むなしさ，辛さ等々，さまざまな感情が吐露される。メンバーは傷つきを抱えた人の集まりでもあり，社会や他者への信頼感が失われた中で，お互いの話に黙って耳を傾けることは容易ではないと感じている。心理の専門家といえども，何気ない一言が被害者を傷つけることもありうる。当事者グループにおける筆者らの行っている支援は，一歩間違うと非常に侵襲性の高いものになるということを常に自戒しておかなくてはならないだろう。どのような支援を選び受けるかという主

体は被害者にあるという自覚が求められるのである。被害者の支援に向き合うとき，支援者側のありようそのものが問われるといえるだろう。

◉被害者支援における留意点

　被害者支援に関わる心理職としての課題および留意点についていくつか述べることとする。奥山ら（2016）は，心理学研究における侵襲性を「心的外傷に触れる質問等によって，研究対象者の精神に傷害又は負担が生じること」と定義し，「精神に傷害又は負担が生じること」の危険性に配慮することが重要であると指摘している。このことは心的外傷を経験した犯罪被害者への支援の際にも共通することであるといえるだろう。また，岡村（2015）は犯罪被害者支援における「対等」な支援者―被害者関係への配慮について述べ，「対等」ではない関係による支援は，二次被害，三次被害を与えることになるとしている。支援者はこのことを念頭に置き，侵襲的になっていないか，気をつけながら支援にあたらなければならない。さらに，どのような支援を受けるかを選択する主体は相手（被害者）にあるという自覚が求められる。支援者側の押しつけにならないように必要なことを伝え，支援を受けるかどうかについては，被害者の心の準備が整うタイミングを待つ場合もある。

　被害者支援を行う者が負う二次受傷についても，注意が必要である。二次受傷とは，心的外傷体験を負った人の話に耳を傾けることで生じる被害者と同様の外傷性ストレス反応のことであり，「代理受傷」ともいわれるものである。特に犯罪被害にあった方の話を聴く際には，自責感や無力感といったものを，知らず知らずのうちに背負い込んでしまうことがある。そこで，いつも以上にセルフモニタリングの機能を働かせ，自分自身の状態に自覚的であること，自らのストレスケアをしっかりと行うことが必要となる。災害支援の時には「支援者支援」という言葉を耳にするが，被害者支援においても同様のことがいえる。そのため，体験を分かち合える支援者同士のピアサポートや，後方支援（バックアップ）体制が求められる。お互いにサポートし合える支援者の存在は，二次受傷を軽減するだけでなく，支援者同士の支えやねぎらいが力となって，被害者支援を適切に行なうことにもつながるといえるだろう。

◉おわりに

　犯罪被害者支援の現場では，被害者への直接的な心理支援だけでなく，警察や弁護士などの司法関係者や地域のサポート資源との連携，被害者の元へ出向いて行くようなアウトリーチ型の支援を求められることが多い。従来の心理支援の枠にとらわれず，柔軟な対応が求められる分野である。繰り返しになるが，犯罪被害にあうということ，自らの意志と関係なく事件に巻き込まれることは，人としての主体性が脅かされることである。したがって，福祉心理学の立場から考えても，被害者の主体性の回復を目指し，被害者の意志を尊重し自ら選択していくことをサポートすることが支援の根幹となるといえるだろう。

引用文献

American Psychiatric Association（2013）. *Diagnostic and statistical manual of mental disorders*（5th ed.).Washington, DC: American Psychiatric Publishing.（日本精神神経学会（日本語版用語監修）高橋三郎・大野　裕（監訳）（2014）．DSM-5―精神疾患の診断・統計マニュアル　医学書院）

Herman, J. L.（1992）. *Trauma and Recovery: The aftermath of violence--From domestic abuse to political terror.* New York: Basic Books.（中井久夫（訳）（1996）．心的外傷と回復　みすず書房）

法務省（2019）．令和元年度犯罪白書〈http://hakusyo1.moj.go.jp/jp/66/nfm/mokuji.html〉（2020 年 3 月 10 日確認）

Horowitz, M. J., Siegel, B., Holon, A., Bonanno, G. A., Milbrath, C., & Stinson, C. H.（1997）. Dignositic criteria for complicated grief disorder. *American Journal of Psychiatry*, **154**(7), 904–910.

Jacobs, S., Mazure, C., & Prigerson, H.（2000）. Diagnostic criteria for traumatic grief. *Death Studies*. **24**(3), 185–199.

前田真比子（1999）．犯罪被害者の心理とその援助について　大阪大学教育学部年報, **4**, 115–126.

長井　進（2004）．犯罪被害者の心理と支援　ナカニシヤ出版

中島聡美（2008）．犯罪被害者の心理と司法関係者に求められる対応　家庭裁判月報, **60**(4), 1–26.

中谷敬明（2005）．民間被害者支援団体活動における臨床心理士の役割について―面接相談でも止められていることは何か　現代行動科学会誌, **21**, 1–7.

西脇喜恵子・坪井裕子（2018）．犯罪被害者支援における心理臨床的かかわりの現状と課題　心理臨床―名古屋大学心の発達支援研究実践センター心理発達相談室紀要, **33**, 13–22.

岡村逸郎（2015）．犯罪被害者における「対等」な支援者－被害者関係の社会的構築―2 次被害の概念を用いた被害者学者の活動に関する歴史的考察　犯罪社会学研究, **40**, 87–99.

奥山滋樹・高木　源・小林大介・坂本一真・若島礼文（2016）．侵襲性尺度の開発の試み―信頼性・妥当性およびカットオフ値の検討　東北大学大学院教育学研究科研究年報, **65**(1), 147–155.

太田美里・岡本祐子・橋本忠行（2018）．社会的活動を行う犯罪被害者遺族のレジリエンスの検討　心理臨床学研究, **36**(3), 274–286.

3

自死遺族支援

●はじめに

　わが国において，自殺は深刻な社会問題であるにもかかわらず，遺された人（自死遺族等）のケアや支援についてはあまり顧みられることはなかった。平成18（2006）年に施行された自殺対策基本法において遺族支援の重要性が明文化されたことで，その状況は徐々に変化してきたものの，彼らの悲嘆や支援に関する心理職の知識や経験の蓄積は，決して十分とはいえない。

　わが国では自死遺族者数に関する公的な統計はないが，ある研究によると，一人の自殺によって，精神的に強い影響を受ける人が5人〜10人いるといわれている。そうであるならば，自殺者が年間3万人いた場合なら15万〜30万人，年間2万人なら10万〜20万人が，毎年，親しい人の自死を経験し，その影響に苦しんでいることになる。そのような人の中には，複雑な悲嘆反応やPTSD（Post Traumatic Stress Disorder: 心的外傷後ストレス障害）症状を示す場合もある。しかし，彼らが自発的に支援者のもとを訪れることはそう多くない。自殺に対する恐れや偏見は未だ根深く，遺族は世間体を気にして，いくら悩みが深くても，援助を求めることに躊躇する傾向があるのだ。心理職は，そのような遺族の置かれた状況を理解し，彼らと接する場合には，自死について語ること自体に伴う恥や苦悩について配慮しながら，彼らの「声にならない声」に耳を傾けなくてはならない。

●自死遺族に生じる諸問題

　心理職は，大切な家族，強い絆を形成してきた人の自殺が，遺された人にとってどのような体験になるのか理解しておく必要がある。高橋（2012）は，長年にわたる自死遺族支援の経験から，遺された人々に生じる心理状態として，驚愕，茫然自失，離人感，否認・歪曲，自責，抑うつ，不安，疑問，怒り，他罰，救済感，合理化，原因の追究，周囲からの非難，二次的トラウマをあげ，遺族には「このような嵐のような複雑な感情が一気に襲ってくる」と述べている。これらの心理状態は，突然のトラウマティックな出来事に遭遇した時の「自然な反応」として時間の経過とともに軽減するものもあるが，苦悩や混乱が深く，より専門的なケアが必要となる場合もある。いずれの場合も，心理職には，大切な人が自ら命を絶ったという事実の重みとその死別がもたらす影響について，細やかな臨床的感性を働かせる必要がある。多くの遺族が「なぜ気づいてやれなかったのか」と自責の念を抱き，「なぜ自殺してしまったのか，何がいけなかったのか」と答えのない答えを探し求める。さらには，「（子どもが）まだ一人残っているから頑張って」など周囲からの心ない言葉や態度で傷つくこと（二次的トラウマ）も多く

表IV-3-1　自死遺族の経験する諸問題（川野，2011をもとに筆者作成）

	生活の混乱	対人関係の困難	心身の不調
内容	・死別の際の死亡届の出し方や葬儀の方法，故人の免許や資格の手続き，クレジットカードや銀行口座の解約などの手続き的問題 ・故人が家計を担っていた場合や借金がある場合の経済的問題 ・自殺の方法や場所によっては，不動産などとの損害賠償をめぐる法的問題	・自殺にまつわるスティグマ（汚名）の存在や恥を感じ，自殺であることを隠す傾向 ・遺族の抱く自責の念 ・周囲の言葉や態度による傷つき（二次的傷つき） ・周囲から孤立し，経験や気持ちを他者に打ち明けることの困難	・身体疾患 ・不眠，抑うつ，アルコール問題などの精神的問題 ・PTSD，複雑性悲嘆反応など

報告されている。

　次に，少し視野を広げて，自死遺族の経験するさまざまな問題についてみてみよう。川野（2011）は，自死遺族が経験する精神保健的問題を，①生活の混乱，②対人関係の困難，③心身の不調，の三つに大別している（表IV-3-1）。

　これらの内容をみると，自死遺族が抱えうる困難は多岐にわたることがわかる。これら3領域は相互に関わり合っており，生活の混乱や対人関係の困難からメンタルヘルスの不調へとつながることもわかっている。心理職は，その専門性ゆえに，対象者の心理的側面に注意を向けるが，こと自死遺族支援の際には，彼らを取り巻く社会生活を視野にいれた複合的，総合的な視点が必要である。その意味では，他の福祉領域の心理臨床活動と共通する部分が多い。なお，自死遺族の総合的支援については，2018年に「自死遺族等を支えるために―総合的手引」が自殺総合対策推進センターから発行されており，心理職にとって役立つ資料となっている。

◉支援者に求められる基本的な姿勢

　自死遺族を支える支援者の基本的な態度や心得を表IV-3-2に示す。ここに示した望ましい態度は，共感的理解と他者尊重を重視している点で，他の臨床活動における心理職の基本姿勢と共通する。ただし，心の専門家であっても，自死遺族の示す圧倒的な悲しみ，自責，怒りの感情を前に戸惑いを隠せない場合もある。「そっとしておくのがいいだろう」または「時間だけが解決してくれるだろう」などといった考えがよぎり，彼らの「声にならない声」に寄り添うことに消極的な態度を示すこともある。そのような時，心理職は，人が潜在的に有する「生きていく力」を信頼し，その力に寄り添っていく，という基本的姿勢に改めて立ち戻らなくてはならない。また，自死について語るよう遺族に強いることも避けなければならない。だれもが自死について語ることを必要としているわけではない。語りたくても語れない遺族もいる。心理職は彼らが語りたい時に語れる環境を整え，求められる支援に応えていく関係性を保障しておくことが重要である。

表Ⅳ-3-2　自死遺族等に接する時の基本姿勢（こころの健康科学研究事業, 2009）

望ましい態度
1　遺族の心理や反応を十分理解した上で対応する
2　静かでプライバシーが守られ，感情表出ができるように配慮された場所で対応する
3　受容と共感をもった傾聴と穏やかな対応。また相談対応に必要な時間をとる
4　判断を交えない態度に徹する
5　遺族自らが望む支援を行う（遺族の主体性を尊重する）
6　遺族にただ寄り添う（まず共にいる）
7　混乱している遺族の問題を整理しながら，ニーズを明確にする
8　メンタルヘルスの問題に注目しがちであるが，経済，教育，裁判，偏見，親交など具体的な問題に気を付けて話を聞く
9　「困ったことがあったらいつでも相談してください」という支援の表明と約束

望ましくない態度
1　「頑張って」などの励ましや，「どうしてくい止められなかったの」などの原因追及
2　安易な慰め
3　遺族であることを探ろうとしたり，詳細を無理に聞き出そうとすること
4　「こうするべきである」というような一方的な考えや意見の押しつけ
5　遺族が皆，精神的ケアが必要であると決めつけた対応
6　無理に感情を吐き出させようとする働きかけ
7　遺族は皆同じだという言動や対応

●自死遺族支援の実際

（1）個別面接による支援

　現在では，医療福祉領域，特に県や市町村の保健センターの相談機関には自死遺族のための個別相談が設けられており，心理職がその業務にあたっている。また，教育領域や産業領域など，その他の心理臨床の活動領域でも，自死による喪や悲嘆の問題を抱えたクライエントへの専門的支援が求められる。個別面接では，死別から間もない時期のクライエントもいれば，死別から数年・数十年の歳月を経ているクライエントもいる。また，家族を亡くした人もいれば，親友や恋人など親しい人を亡くした人もいる。いずれのケースにおいても，クライエントの経験が言葉にされ，死別に伴う情緒的体験がカウンセラーと共有されていく過程で心的変化が生じることが多い。以下に，親しい人の自死からある程度の時間を経て来談した二つの事例を提示してみよう。なお，プライバシー保護のため事例には変更が加えてある。

　1）事例 A──友人を自死で亡くした青年女子　　A は内気で対人緊張の強い性格だったが，大学に入学後，ある男子学生と仲良くなり，彼に励まされながら，自分の内気な性格を直そうと努力していた。その矢先，男子学生が何の連絡もないまま自死してしまった。それを知った A は驚愕のあまり涙も出なかった。周囲では彼の自死はタブーのように扱われたため，A は彼のことを誰にも話すことができず，そのまま大学を休み，その後数年間，下宿に引きこもった。彼の自死から数年後にカウンセラーのもとを訪れた A は「私がもっと声をかけていれば彼は自殺をせずに済んだのではないか」といった後悔の念を語り「自分はクズだ」と述べた。A は喪失の悲しみを誰とも共有できず，悲嘆が潜在化し喪の過程が遷延していた。心理面接では，亡くなった彼に対する愛情と怒りの両価的な思いを言葉にした。そのような対話を積み重

ねる中で，Ａは紆余曲折しながらも「彼のためにできることはなかったのかもしれない」という事実を受け入れ，自責の念が和らいでいった。

2)　事例Ｂ──父親を自死で亡くした成人男性

Ｂは仕事でよい業績を収めるなど，周囲からの評価は高かった。しかし，成功するたびに，Ｂは「これはでき過ぎだ，僕はいずれ必ず失敗する」と沈み込んだ。Ｂの父親は自営業を失敗したことからうつ病になり自死していた。Ｂが小学生の時であった。それ以降，Ｂは父親の自死について誰にも打ち明けることなく，母親の負担にならないように周囲に気を配って生きてきた。彼自身も父親の自死を思い出すことはなく，ひたすら目の前の仕事に打ち込んできたのである。しかし，時折，襲ってくるどうしようもない不全感と抑うつ感に苦しんでいた。数年に及ぶカウンセリングの中で，Ｂは父親のことを語れるようになり，Ｂには父親との「内なる同一化（秘められた思慕の念）」があることが明らかとなった。それがＢの気分を不安定にさせていると同時に，亡き父親との「彼なりの絆」であったこともわかってきた。この事例においても，自死にまつわる経験は周囲と共有されず彼の悲嘆は孤立していた。しかし，心理面接において，Ｂが父親との心理的なつながりを再発見できたことで彼の今後の人生に新たな意味と方向性が見出された。

(2)　自助グループ，民間団体の「分かち合いの会」による支援

自死遺族へのケアには，遺族同士の分かち合いや支え合いが大きな援助資源になることがわかっている。先述したように，自死にまつわるタブー視やスティグマによって，遺族は自死について語る機会が得られず，経験を共有しにくい状況にある。「こんなつらい経験をしているのは自分一人だ」「だれにも理解してもらえない」と心を閉ざしてきた遺族にとって，大切な人を自死で失った経験のある他の遺族とのつながりは，時に大きな救いとなる。あしなが育英会の遺児が綴った文集「自殺っていえなかった」では，同じ境遇を経験した遺児との分かち合いが，彼らの心に大きな転機をもたらしたことがみてとれる。

現在，全国各地で約140の自死遺族のグループが定期的な集会を開いている。グループには当事者だけで運営されているものもあれば，心の専門家が関与するグループもあり，設立目的や運営方針などはそれぞれ若干の違いがある。心理職は，自分の働く地域に存在する「分かち合いの会」の情報を得ながら，必要に応じてクライエントを紹介したり，運営支援に携わったりすることも一つの役割になろう。

(3)　その他の支援

その他にも，行政の担当者，ソーシャルワーカーや保健師といった精神保健の支援者に向けた研修会を実施することも心理職に期待されている。遺族が被る二次的傷つきを軽減させるためにも，支援者の資質向上にむけた研修会は欠かせない。心理職は，自死遺族支援の経験を積み重ね，他の支援者にもその経験をフィードバックしていくことが望まれる。

また，自死遺族ケアの観点から得た知見を社会に発信することも必要である。自死を未然に防ぐ観点から対策を講ずることは極めて重要であるが，遺された人の経験やその支援からみえてくる知見を対策に反映させることも同様に重要である。たとえば，「自殺は予防できる」という言説が，ときに遺された人の心を苦しめ罪責感を強化してしまうこともある。すべての自死が予防できるわけではないことを認識し，「予防」に込められた前のめりの姿勢とは異なる視線

を向けることで，さらなる遺族支援，ひいては，より包括的な自殺対策につながる可能性もある。

◉おわりに

　トラウマやスティグマには，それを「受ける者（遺族）」と「受けない者（支援者）」の間に，ある種の分断を生じさせる。例えるならば，自死遺族の抱える傷は，結局のところ当事者にしかわからず，その傷を負っていない支援者には援助はできない，という感覚が生まれる状態である。このような内的な分断をいかにして乗り越えていくのかは遺族と接する支援者の重要な課題であろう。また，もう一つの課題として，クライエントの自死を経験した対人援助の専門家の喪失や悲嘆の問題もあげておかねばならない。クライエントの自死は，支援者の個人的，または，職業的アイデンティティに大きな影響を与えうる。この問題は，わが国の心理臨床の分野では未だ十分語られることは少ないが，今後の重要なトピックの一つになるかもしれない。

引用文献
自殺総合対策推進センター（2018）．自死遺族等を支えるために—総合的支援の手引
川野健治（2011）．自死遺族の精神保健的問題　精神神經學雜誌, **113**(1), 87-93.
こころの健康科学研究事業（2009）．自死遺族を支えるために—相談担当者のための指針　平成20年度厚生労働科学研究費補助金「自殺未遂者および自殺者遺族等へのケアに関する研究」
高橋祥友（2012）．自死遺族のケア　精神療法, **38**(1), 64-69.

4

介護・認知症

●はじめに

　超高齢社会である日本において，福祉領域の中で高齢者福祉分野も心理職へのニーズは高いと思われるが，現状はごくわずかの心理職が関わる程度である。そこにはこれまで心理職が国家資格ではなく，介護保険の枠組みに位置づいていないことが影響している。公認心理師法が2017（平成29）年に施行され，公認心理師は誕生した。今後，介護保険制度の中に公認心理師が位置づけられれば，高齢者福祉分野で働く心理職が徐々に増加することが予想される。

　本章は「さまざまな福祉領域における心理支援の実際」であるが，「実際」となると，高齢者福祉分野で働く心理職はほとんどいないというのが現状である。また，高齢者福祉分野での心理支援の「実際」は，多くは認知症の高齢者との関わりである。よって，まずは心理職に必要な認知症の基本的な知識を概観する。その後，高齢者福祉分野の現状を2018年に筆者が行った介護事業所への調査結果で示しつつ，心理職に求められる業務を認知症の高齢者との関わりに触れながら考えていきたい。

●認知症

　認知症とは，脳の病気による器質的な変化などが認知機能に影響を及ぼし，生活に支障がでている状態を指す。初期は，加齢による単なる物忘れにみえることが多く，正確なアセスメントが必要となる。また，厚生労働省の2015年の発表によると，2025年には有病者数は約730万人，高齢者の5人に1人と推計されている。以下，心理職に必要な最低限の認知症に関する知識を記すが，詳細は必要に応じてコメディカル向けの良書（黒川・扇澤，2018；六角ら，2018）を参照いただきたい。

(1) 認知症の診断基準

　脳の病気による器質的な変化，脳に影響する体の病気による脳の障害が前提であり，DSM-5（American Psychiatric Association, 2013）による診断基準は以下のようである。

- ・一つ以上の認知領域（複雑性注意，実行機能，学習および記憶，言語，知覚・運動，社会的認知）が，以前のレベルから低下している
- ・認知機能の低下が，社会生活に支障を与える
- ・認知機能の低下はせん妄が現れるときのみに起こるものではない

・うつ病や統合失調などの他の精神疾患が否定できる

（2）代表的な認知症の分類

　認知症は疾患名ではなく，脳の神経細胞が何らかの原因で正常に働かなくなる状態を指す言葉である。認知症を引き起こす病気はさまざまで，脳の神経細胞が変性する病気，血管性の病気，内科的な病気などがある。代表的なものはアルツハイマー型認知症，レビー小体型認知症，前頭側頭型認知症（ピック病），血管性認知症の四つであり四大認知症といわれる。現時点では根本的な治療法はない。

（3）症状

　認知症の症状には中核症状と周辺症状がある。中核症状（記憶障害，見当識障害，実行機能障害など）は脳の器質的変化が原因となって生じる。周辺症状（妄想・幻覚，抑うつ，不安・焦燥など）は，基本症状を抱えるために生じるストレスに加え，周囲の対応，環境の変化，本人の特性，体の不調などにより生じるもので，BPSD（Behavioral and psychological symptoms of dementia: 認知症の人の行動・心理症状）と呼ばれるのが一般的である。

（4）アセスメント

　スクリーニング検査として，MMSE（Mini-Mental State Examination）や HDS-R（改訂長谷川式簡易知能評価スケール）がよく用いられている。軽度の認知機能障害を検出するためには，より詳細な認知機能検査の実施が必要となる。

●介護事業所向けの調査およびそこから考えられる心理職の業務

（1）調査対象

　介護現場での心理職の現状把握のため，2018 年に以下の介護事業所の管理者を対象に質問紙調査を郵送にて実施した。

　①認知症介護研究・研修大府センターでの認知症介護指導者養成研修修了生ネットワークを利用した。720 通送付し 178 通の回答を得た（回収率 24.7％）。
　※認知症介護研究・研修センターは，認知症の研究と介護職の指導的な立場になる方々の研修などを実施する機関で全国に 3 カ所（東京，仙台，愛知県大府）にある。
　②認知症介護研究・研修大府センターでの研修を受けた指導者がいる介護事業所は，ある程度の水準以上の介護事業所の可能性があるため，比較検討として X 県の介護事業所（特別養護老人ホームと老人介護保健施設）に対し全数調査を実施した。450 通 配布し 88 通の回答を得た（回収率 19.6％）。

　①②を合わせて 266 通の回答のうち，①の中で回答者の主たる所属が病院である 3 通を除いた 263 の介護事業所を分析対象とした。

（2）調査内容

　質問紙は「フェースシート」「心理職の雇用」「心理職の業務内容」「本来心理職の業務と思われる業務の実施状況」などによって構成された。

（3）調査結果および心理職としての業務とその課題

　ここでは調査結果を示した上で，それをもとに心理職が担える業務について考えていきたい。

　1）臨床心理士・公認心理師の認知度　　臨床心理士の認知度は，臨床心理士を「知っている」が約64％で，そのうち約74％は国家資格ではないことを知っていた。一方公認心理師の認知度は，公認心理師を「知っている」が約11％で，そのうちの93％は国家資格であることを知っていた。臨床心理士の資格認定が始まった1988年から30年を経ても，高齢者福祉分野での心理職の認知度は十分とはいえず，心理職の資格の種類と国家資格の有無の認知が十分でない現状が明らかになった。心理職の資格の種類と国家資格の有無があることを知ってもらうところからスタートする現状であると言ってもよい。

　2）心理職の雇用の現状（調査時点・および過去）の現状　　心理職の雇用（現在および過去）に関しては，本調査の分析対象①で雇用しているが2件，雇用していたが3件，分析対象の②で雇用していたが2件の合計7件で，全体の2.7％であった。雇用率の低さは予想していたが，予想よりもさらに低い数字であった。また，この7件の介護事業所の内訳は6件は特別養護老人ホーム，1件は有料老人ホームであり，いずれも高齢者が生活している介護事業所であった。

　3）心理職雇用の理由　　心理職を雇用している・いた（n=7）主な理由としては，以下のようであった。

【対利用者へのニーズ】
　　・「利用者は日常的にケアを受けている介護職にはかえって本音が言いづらい部分がある」
　　・「介護職は利用者の話をゆっくりと聞く時間がない」
　　・「利用者の精神疾患への対応」　　　など

【対職員に対するニーズ】
　　・「スタッフへのケアやメンタルヘルス対応」
　　・「離職防止」　　　など

　これらの理由からは今後心理職が求められる業務内容がみてとれる。まず対利用者のニーズに関してである。高齢者福祉施設での介護職の1日の仕事量のうち，利用者への個別の介助（入浴，排せつなど）や食事介助が60％を占め，利用者との会話は1％程度である（Mallidou et al., 2013）という調査結果もあり，ゆっくりと会話をする時間を介護職がもつことは難しい。よって，心理職がそこを担うことを期待されている。また，生活場面で援助を受けている介護職には遠慮がある。その点での距離感がある心理職が利用者の本音を聞き，利用者と介護職と

の間を調整するという役割も期待されている。BPSD に対する対処は介護現場では経験が蓄積されているが，介護職は精神疾患については専門的な知識や対処のトレーニングは十分ではない。利用者がうつ病に罹患した場合，抑うつ的になり認知機能の低下があるなど，アルツハイマー型認知症の初期症状と類似している点があり，うつ病との違いがわかりにくい。しかし，適切な治療によって症状の改善が望めるため，心理職がきめ細やかなアセスメントをすることにより貢献することができる。中には人格障害的な利用者もいて，周囲がその人の言動に巻き込まれて疲弊しているという話を聞くときもある。人格障害的な利用者は「良い職員」と「悪い職員」を作って職員間に亀裂を生じさせ，日々の介助に混乱をもたらす。人格障害的な人への対応は，専門的な知識をもっていても対応に苦慮する場合も多く，介護現場ではなおさらである。その際はリミットセッティングを設け，チームとして一貫した方針をもとに安定した態度で接するのが基本となる。そのような方針を統一するための調整やチームとしての共通理解を促す役割，それに伴うスタッフのストレスを受け止める役割などが心理職に求められる。

　次に対職員に対するニーズである。職員のメンタルヘルスの維持向上は心理職に期待される部分である。2018（平成 30）年に必要な研修を修了した公認心理師もストレスチェックの実施者に追加された。それにより心理職を雇用している大規模な社会福祉法人で，ストレスチェックを心理職が実施しているところ（本調査の対象外の介護事業所）があると聞いた。筆者が以前所属していた大学では，関連施設として特別養護老人ホームを併設していた。その特別養護老人ホームで介護事故が生じ，職員の離職率も高いため，筆者が職員全員と面接をすることを依頼された。ストレスチェックで得点の高い職員は，産業医との面接を推奨はしていたようだが，職員から「産業医の先生との面談はハードルが高い」という声もあり筆者に声がかかった。非常勤も含め 50 名程度の職員と面接を実施した。そのうち一人は面接の際，うつが疑われたため管理職につなげ，その後休職となった。職員との面接の中で，人間関係に対するストレスの話がもっとも多かった。しかし，3 名ほど継続面接となった職員の主訴は，配偶者との死別の喪失感，発達障害の子どもへの対応，買い物への依存傾向などであり，職場の問題とは限らない。よって幅広く対応できることが必要とされる。筆者の場合，大学教員として大学併設の施設での取り組みであるため，制度的な支えがなくても実施できたわけだが，職員のメンタルヘルス維持向上のニーズがあることを実感した。

　4）心理職の業務内容　　心理職の業務内容は，想定されるものをあらかじめ五つ設定し，雇用されている・いた心理職（n=7）の実施の有無について調査した。設定した五つの業務内容と実施率（（　）内）は以下のようであった。また，調査票では「専門的心理ケア」を図Ⅳ-4-1 ように教示した。

- ・利用者への専門的心理ケア（57%）
- ・利用者の認知機能の専門的アセスメント（43%）
- ・利用者の家族への専門的心理ケア（43%）
- ・職員への専門的心理ケア（86%）
- ・地域への啓発活動（14%）

　前述の雇用理由からも，職員への専門的心理ケアのニーズが高いことがうかがえる。

心理的なケアは，介護現場で様々な職種のかたが行っていますが，調査票の中での「専門的心理ケア」は，心理職が臨床心理学に基づいた専門性を活かして行っている心理的なケアを指します。

（例）・不安が高い利用者へのカウンセリング的な関わり
・職員へのストレスケアマネジメントやカウンセリング
・利用者家族へのカウンセリング
・地域の方へ認知症への理解を深める啓発活動
・利用者看取り時の家族，職員へのグリーフケア
・利用者の認知機能の専門的なアセスメント（MMSE，HDS-R を使用した場合に，点数による判断のみでなく，検査時の様子や点数がとれた箇所も含めた多角的な視点からのアセスメント）　　　など

図IV-4-1　調査票での教示

5）心理職を未雇用の理由（自由記述による回答）　　回答数が多かったものから示すと以下のようである。

・必要性が感じられない（n=54）
・制度上配置基準にない（n=53）
・人件費の問題で介護職が優先（n=50）
・職務内容がよくわからない（n=46）
・他職種でカバーできる（n=13）
・求人しても応募がない（n=12）　　など

「制度上配置基準にない」「人件費の問題で介護職が優先」というのが上位にくるのは当然のことであり予想通りであった。そもそも介護現場では介護職員が常に不足している。介護職が仕事内容に比して賃金が低いことで敬遠されがちであるが，デイサービスなどの数が増えたこともあり，介護職の求人は常に行われている。そのため，求人をしてもさらに人が集まらなくなった。管理職からは「心理職を雇うぐらいだったら，介護職を一人でも増やしたい」という声を聞くことも多く，制度上の配置基準がない中で，心理職が雇用されるハードルはかなり高い。また，さらに深刻だと感じたことは「制度上配置基準にない」「人件費の問題で介護職が優先」という理由と同レベルで「必要性が感じられない」という回答があったことだ。制度が変更し配置基準に含まれ，賃金を支払う枠組みは整ったとしても，必要性を感じていなければ採用につながらない。心理職の認知そのものも十分ではないが，職務内容の理解はさらに進んでおらず，心理職が何ができるのかを理解してもらう必要性がある。また，求人しても応募がないということは心理職側も介護現場で働くことに積極的ではない可能性もある。学部や大学院での高齢者に関する講義は少なく，高齢者福祉施設での実習は心理職がいないことからほとんど実施されていない。心理職を目指す学生にとっては高齢者福祉分野の心理職のイメージがもちづらい現状がある。

6）心理職の業務内容をどの職種が担っているのか　　心理職を雇用していない（したことがない）高齢者福祉の現場で，本来であれば心理職が担う仕事は行われているのだろうか。行われているとすればどの職種が担っているのだろうか。
　心理職を雇用していない（したことがない）介護事業所（n=259）のうち，筆者があらかじ

め設定した心理職の五つの業務（調査票では「専門的心理ケア」は前述のように教示した）に
対しての実施の有無を尋ね，実施している場合は，介護職・看護職・リハビリ職・相談員・そ
の他の職種のそれぞれの実施の有無について調査した。その結果を以下に示す。

① 利用者への専門的心理ケア　　実施率は 65.6％で，他職種による実施状況は図Ⅳ-4-2 のよ
うであった。

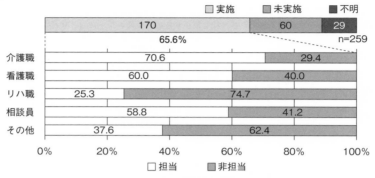

図Ⅳ-4-2　利用者への専門的心理ケアの実施状況

　介護職が担当していることが多いという結果であったが，前述のように介護職は利用者とゆ
っくり会話する時間はない。筆者は研究として認知症高齢者の個人回想法を実施した経験があ
るが，認知症の高齢者のかたであっても，認知機能の低下という限界がありながら，ご自分の
人生の振り返りという作業を行っていた。認知機能の低下の程度を把握しつつ，投げかける質
問や言葉がけによって，その方がご自分の生きてきた道筋を振り返る手助けをするなど決め細
やかかな関わりが必要である。回想法は認知症の罹患の有無にかかわらず，利用者への専門的
な心理ケアとして有効な一つの方法と思われる。

② 利用者の認知機能の専門的アセスメント　　実施率は 73.4％で，他職種による実施状況
は 図Ⅳ-4-3 のようであった。

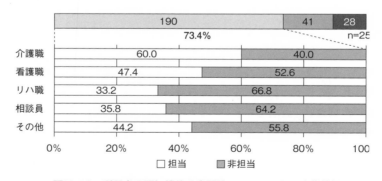

図Ⅳ-4-3　利用者の認知機能の専門的アセスメントの実施状況

　上記以外にリハビリ職や相談員も 35％ 前後担当しており，利用者への専門的な心理ケアに
比べ各職種の差が少なかった。MMSE や HDS-R が行われている可能性が高く，これらは合計
点によるカットオフ値や重症度の目安などが示されている。よって教示では「点数のみの判断
でなく」と示したものの，各職種が万遍なく実施している状況から，点数による判断の重視の

可能性がうかがえる。心理職は学部や大学院でアセスメントの教育を受けており，認知機能のどの部分の低下がどのように日常生活と関連しているかといった，きめ細やかなアセスメントを他職種に提示することが可能である。

③ **利用者の家族への専門的心理ケア**　実施率は 62.9% で，他職種による実施状況は図Ⅳ-4-4 のようであった。

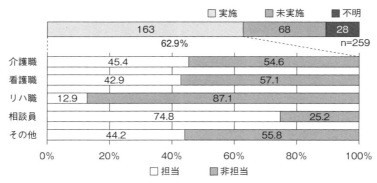

図Ⅳ-4-4　利用者の家族への専門的心理ケアの実施状況

　相談員がもっとも担当していた。相談員は社会福祉士の資格をもつ人が担当していることが多く相談援助の専門家であるが，生活面での相談内容が多いと思われる。特別養護老人ホームに家族が入所すると，介護していた家族はほっと安心する反面，罪悪感も抱くことになる。介護に熱心だった家族ほどその罪悪感も強く，家族のそのような気持ちに寄り添うことも必要とされる。また，最近は施設での看取りも増えているため，今後家族へのグリーフケアなどでも貢献できると思われる。

④ **職員への専門的心理ケア**　実施率は 59.8% で，他職種による実施状況は図Ⅳ-4-5 のようであった。

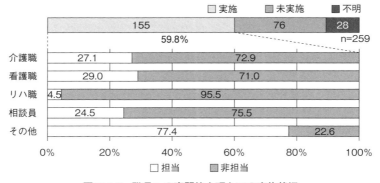

図Ⅳ-4-5　職員への専門的心理ケアの実施状況

　その他の職種がもっとも担っており，その数値は予想以上に高かった。調査の際，調査票のスペースの都合上，その他が何かを記入する欄を設けることができず把握ができなかった。調査票の設計は重要だと改めて痛感した。介護現場の主たる職種でない人が担当しているようなので，前述のようにこの部分は心理職が担える大きなポイントとなっている。

　⑤　**地域への啓発活動**　　実施率は 57.1% で，他職種による実施状況は図Ⅳ-4-6 のようであった。

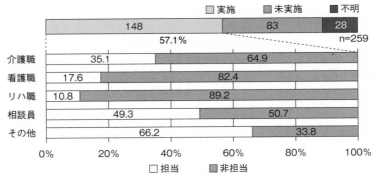

図Ⅳ-4-6　地域への啓発活動の実施状況

　その他がもっとも担っており，相談員がそれに 次いでいる。心理職はこれまでも各領域で心理教育の要素をふまえた地域活動を行ってきている。そのノウハウを活かして，高齢者，家族，専門職などさまざまな視点からの啓発活動が可能である。

●今後の展望

　福祉領域の高齢者福祉分野の中で，介護事業所に着目して心理職の業務を考えてきた。わずかであるが心理職が雇用されていたのは高齢者が「終の棲家」として生活している福祉施設であった。他者からの援助の比重が徐々に高くなる高齢者にとって，QOL の維持向上には心理的なアプローチは不可欠であり，ここまで考えてきたことを踏まえ今後心理職の貢献が望まれる。

引用文献

American Psychiatric Association (2013). *Diagnostic and statistical manual of mental disorders* (5th ed.).Washington, DC: American Psychiatric Publishing.（日本精神神経学会（日本語版用語監修）高橋三郎・大野　裕（監訳）(2014).　DSM-5―精神疾患の診断・統計マニュアル　医学書院）

厚生労働省 (2015).「認知症施策推進総合戦略―認知症高齢者等にやさしい地域づくりに向けて（新オレンジプラン）」について〈https://www.mhlw.go.jp/stf/houdou/0000072246.html〉(2020 年 6 月 7 日確認)

黒川由紀子・扇澤史子（編）(2018).　認知症の心理アセスメント―はじめの一歩　医学書院

Mallidou, A. A., Cummings, G. G., Schalm, C., & Estabrooks, C. A. (2013). Health care aides use of time in a residential long-term care unit: A time and motion study. *International journal of nursing studies*, **50**(9), 1229–1239.

六角僚子・種市ひろみ・本間　昭（監修）(2018).　看護師のための認知症のある患者さんのアセスメントとケア　ナツメ社

Ⅴ　福祉心理臨床のこれから

福祉領域における心理臨床実践は，これからもっと広がりをみせてくるだろう。福祉心理臨床の未来に向けての課題と展望を，心理職の専門性と，チーム・アプローチという視点から述べていく。

1

福祉心理臨床における
心理の専門性とは

◉福祉領域において心理職が果たす役割

　これまでの章では，福祉領域における心理社会的課題や心理支援について学んできた。さまざまな法制度や事例に触れることにより，心理職が社会的な要請に応じて，クライエントや他職種とのかかわりの中でどのような役割を果たしているのかを掴むことができたのではないだろうか。

　図 V-1-1 は，髙橋（2018）を参考に，福祉領域の心理支援における基本的な職能を示したものである。この図に基づき，福祉心理臨床の専門性を改めて整理してみたい。

（1）クライエントの権利擁護

　福祉領域において支援の対象となる母子，児童，障害児者，高齢者，生活困窮者などは，虐待，暴力や搾取などにより，基本的人権を侵害されていることも少なくはない。このような場合，彼らは自ら支援を求める能力に限界があったり，支援を求めても現状は変わらないという無力感に苛まれていたり，そもそも支援の必要性に気づいていなかったりすることが多い。心理職には，クライエントの声にならない声にも丁寧に耳を傾けながら，本人の権利を補足し代弁すること（アドボカシー）が求められる。また，クライエントが実際に虐待や搾取を受けている場合は，法律や諸規定を踏まえて虐待防止の対応をとることも必須となる。

（2）クライエントへの心理支援

1）さまざまな背景を抱えたクライエントとの関係作り　　クライエントが自ら支援を求め

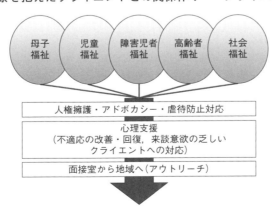

図 V-1-1　福祉領域における心理支援活動の職能のイメージ（髙橋，2018 を一部改変）

ることが難しかったり，支援を拒否したりする状況では，初期段階でいかにクライエントとの関係を築くかが鍵となる。髙橋（2018）は，心理職との最初の出会いの中で，クライエントが「話を聞いてもらってよかった」「この人には理解してもらえそうだ」「少し気持ちが落ち着いた」と思えるようなよい体験を生み出すことや，クライエントのニーズや気持ちを受け止め肯定し，本来もっている力を引き出す（エンパワメントする）ことが重要になると述べている。

　なお，福祉領域では，相談の枠組みの関係から継続した相談が難しく，1回の面接で終了することもありうる。しかし，たとえ1回限りの出会いであったとしても丁寧なかかわりを心がけ，クライエントが支援を受け入れる準備性や動機づけを少しでも高められるように働きかける姿勢は，欠かすことができない。

　2）アセスメントから支援へ　　福祉領域における支援の最終目標は，クライエントがどのような健康状態や経済状態であっても，安心して日常生活を送ることができるようにすることである。日詰（2015）は，クライエントの状況を時系列で捉えたとき，心理職には以下のような役割が求められ，また期待されていると述べている。

　そもそもわが国の福祉サービスは，基本的には自己申請によって始まるが，まずは個々のクライエントにおける福祉的支援の必要性を判断しなければならない。このとき心理職には，面接，観察や心理検査に基づき，家庭，保育所・幼稚園，学校や職場などにおいてクライエントに特別な配慮が必要かどうかをアセスメントすることが求められる。また，家族や学校・職場の関係者に対して，クライエントの見立てや支援の必要性をわかりやすく説明することも期待されている。

　福祉的な支援が必要と判断された場合，次の段階として，クライエントの状況が支援を受けるための基準に該当するかどうかの判定・決定を行うことになる。この段階で心理職には，標準化された心理検査等の実施によるアセスメントを通して，クライエントの状況を公正な情報によって判断できるようにすることが求められる。また，個別の支援計画の作成や，支援を実施した後のモニタリングの際に必要となる視点を明らかにすることも期待されている。

　支援が開始され継続する段階になると，心理職には，クライエントの特性に沿った支援方法の助言を求められることがある。多職種での事例検討や研修では，心理学の専門用語をわかりやすく伝える工夫が必要となる。また，医療・教育・産業・司法領域の心理職のつながりを活かして，地域の中で情報共有や引き継ぎを行うための土台を構築することも期待されている。

（3）アウトリーチと連携

　福祉心理臨床では，従来の心理臨床で重視されてきたような個別面接による支援のみならず，支援の必要なクライエントの元へ出向き，生活の場の中で心理アセスメントや心理支援にあたるというアウトリーチがしばしば行われる。生活場面に出向くことで，クライエントの様子や人間関係，そしてクライエントを取り巻く環境を直接的に把握して支援に活かすことができる。一方で，生活場面では支援の枠組みが流動的になりやすいため，クライエントとの関係が不安定になることも起こりうる。心理支援が侵襲的なものとならないように注意しながら，クライエントの意欲や主体性を引き出していくことが求められる。他職種や他機関との連携に関しては，第Ⅴ部2章を参照されたい。

（4） セルフケアと自己研鑽

　ここまでは，心理支援における心理職の専門性について考えてきたが，心理職としての自分自身をどのようにケアしながら職務にあたるのかについても，米田（2019）を参考にしながら触れておきたい。

　福祉領域のクライエントは，心理職が想像もつかないような体験を重ねていることも少なくはない。そうしたクライエントの体験に遭遇すると，怒りを感じたり，自分が代わってあげたいと思ったり，何もできないという無力感を覚えたりする。心理職の側が間接的に外傷体験を重ねると，代理受傷または二次受傷という状態に陥ることがある。また，クライエントの抱える体験が深刻であればあるほど支援には時間がかかり，心理職としての力量不足や疲労感を抱きやすくなる。対処不能なストレスが積み重なり，バーンアウトに至ることもある。しかし，さまざまな課題を克服していくのはあくまでもクライエントであり，心理職はクライエントの代わりになることはできない。このことを常に頭の隅に置きながら，自らにできることとできないことについて考えていく必要がある。

　職場の外では，スーパーヴィジョンを受けたり，各種の学会，研修会や事例検討会に参加したりすることで，複眼的に事例を眺める力を身につけていくことが求められる。そして何より，疲れたときには休息をとる，同僚や上司に話を聞いてもらう，趣味やリラクゼーションにより気分転換を図るなどして，自分自身の心身のケアに努めることが大切になる。

●福祉心理臨床の各分野を越えて

　これまでの福祉は，母子福祉，児童福祉，障害者福祉，高齢者福祉，社会福祉というように多分野に分割され，それぞれの分野が独立して制度や支援のあり方を発展させる傾向が強かった。一方で，近年では対象者のニーズが輻輳し，一つの分野にとどまらない支援が求められるようになってきている。たとえば，障害のある子どもが成人となり，さらには高齢になって加齢に伴う障害が生じてきた場合，それまでの障害児者対応の支援に加えて高齢者対応の支援も必要となる。また，虐待またはその疑いのある家庭を支援する際，単に親と子のかかわりをみているだけでは解決の糸口がみえにくいことがある。高齢で認知症を患う両親を抱え，介護のストレスの矛先が子どもに向いている場合もあるかもしれない。経済的困窮による余裕のなさが，親子のかかわりをより一層難しくしている場合もあるかもしれない。

　福祉心理臨床に携わる心理職にとって，自らがかかわる分野の動向を把握し，領域固有の専門性を身につけることは必要不可欠である。しかし同時に，福祉の各分野の対象は実はつながっており，ときに分野を越えた支援が必要になることも念頭に置いておかなければならない。福祉心理臨床では，家庭や地域を見通す広い視野と複眼的な視点が求められる（藤井ら，2015）。そうした視点を備えた人材の育成が急務ではあるが，心理職一人ひとりが研鑽を積み，他職種と協働しながら実践を重ねることも，ますます大切になるといえる。

引用文献

藤井康弘・日詰正文・村瀬嘉代子・下山晴彦・森岡正芳（2015）．座談会 福祉領域において求められる心理職の活動　臨床心理学，**15**(5), 567–578.

日詰正文（2015）．心理職に知っておいてほしい福祉分野の知識　臨床心理学，**15**(5)，588–591.

髙橋幸一（2018）．福祉分野における公認心理師の具体的な業務　野島一彦（編）公認心理師の基礎と実践1—公認心理師の職責　遠見書房　pp.74–83.

米田弘枝（2019）．福祉分野で学ぶこと　野島一彦（監修）片岡玲子・米田弘枝（編著）公認心理師分野別テキスト②　福祉分野—理論と支援の展開　創元社　pp.138–143.

2

福祉心理臨床における
家族支援と多職種連携

●はじめに

　社会の変化の中で，子どもの育ちや子育てをめぐる問題や，何らかの困難さを抱えている人への支援，そして高齢者への支援が急務となってきている。福祉領域においては，他の領域以上に，その人に関わる多職種・他機関との連携が求められ，その人を取り巻く関係者が一つのチームとしてかかわっていくことが必要となっていく。これまで心理職の活動の多くは，個別の支援が基本となってきたが，福祉領域においては，個人を取り巻く家族や機関，社会で何重にもわたる支援の輪を形成していくことが必要となってくる。要支援者にとって家族であったり，キーパーソンとなる身近な人や，その人にかかわる多機関，多職種でアセスメントを共有し，その人に対して一貫した支援を届けることができるような体制を整えていくことが求められる（図Ⅴ-2-1）。

●家族支援

　人は，一人で生きているわけではなく，多くが家族と一緒に過ごしていたり，支援をうけながら生活をしていたりしている。福祉領域では，本人がなかなか支援につながらず，まず家族から支援機関につながってくることも少なくない。支援を要する人にとって一番身近な家族をどう支えていくことができるのかは，家族だけに負担を負わせないという意味でもとても大切なことの一つとなる。

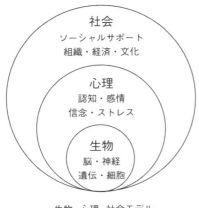

生物 - 心理 - 社会モデル

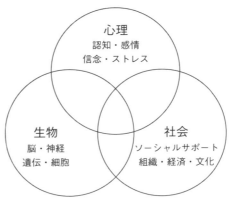

連携や協働を意識した生物 - 心理 - 社会モデル

図Ⅴ-2-1　連携や協働を意識した生物 - 心理 - 社会モデル（一般財団法人日本心理研修センター，2018 を参考に作成）

　支援を要する対象の人がよりよく生活をしていくためにも，一緒に暮らしたり，身近で日常的にかかわっていく家族のメンタルヘルスにも視点をおくことは必要である。また支援者がかかわるのは，一時的であり，長期的に関わりを続けていくのは家族である。家族が必要な時に必要な支援につながりながら，息長い支援を受け続けていくことは，家族の力を引き出し，家族と当事者が適応的に日常を過ごすことにつながっていく。

●多職種連携

　福祉領域では，一人職場も多く，同じ職場に勤務する多職種との連携が必須である。心理職として，心理の立場や考え方，何を大事にしていきたいのかをいかに周りの職種に理解してもらうかが大事なポイントとなってくる。心理職同士では当たり前に思っている活動の枠組みや，アセスメント，心理の専門用語による説明は，なかなか他の職種には伝わらなかったり，こちらの意図としては違う形で受け止められてしまったりすることも少なくない。心理学の領域では当たり前のことという態度ではなく，心理職の立場を理解してもらえるように丁寧に対応していくことが求められる。

　他職種が連携をしていくためには，それぞれの職種の役割をし，お互いが尊重し，対等な立場で専門家同士の連携をしていくことが必要である。世界保健機関（WHO）は，多職種連携の重要性を提起してきており，現在では，異なる専門性をもつチームのメンバー，機関等が，本人・家族へ質の高いケアを提供するために，共有した目標に向けて共に働く多職種連携（IPW: Interpersonal Work）の概念に基づいた取り組みが行われるようになってきている。つまり，

表V-2-1　福祉領域で協働する他の職種

保育士：児童の保育および児童の保護者に対する保育に関する指導を行う。

保健師：保健指導に従事すると定められており，地域活動や健康教育・保健指導などを通じて疾病の予防や健康増進などの公衆衛生活動に従事。

看護師：療養上の世話また診療の補助を行う。地域の訪問看護ステーションや保育所，乳児院などの児童福祉施設などにも勤務。

助産師：助産または妊婦，褥婦もしくは新生児の保健指導を行う。

理学療法士（PT；Physical Therapist）：「身体に障害のあるものに対して，主として基本的動作能力の回復を図るため，治療体その他の運動を行わせ，および，電気刺激，マッサージ，温熱その他の物理的手段を加えること」と業務が定められているが，運動機能低下の予防や，福祉用具の相談などにも対応している。

作業療法士（OT；Occupational Therapist）：「身体または精神に障害があるものに対して，主として応用的動作能力または社会的適応能力の回復を図るため，手芸・工作・その他の作業を行わせる」と業務が定められているが，人の日常にかかわるすべての諸活動の支援を行う。

言語療法士（ST；Speech Therapist）：「音声機能，言語機能または聴覚に障害があるものについてその機能の維持向上を図るため，言語訓練，その他の訓練，これに必要な検査および助言，指導，その他の援助を行う」と定められているが，摂食・嚥下の指導も行う。

社会福祉士（SW；Social Worker）：障害，または環境上の理由により日常生活を営むのに支障があるものの福祉に関する相談に応じ，助言，指導，福祉サービスの提供と，関係者との連絡および調整，その他の援助を行う。

精神保健福祉士（PSW；Pshchiatric Social Worker）：精神障害者の日常生活および社会生活を総合的に支援に関する相談に応じ，助言，指導，日常生活への適応のために必要な訓練，その他の援助を行う。

介護福祉士（CW；Care Worker）：障害があることにより日常生活を営むのに支障があるものに心身の状況に応じた介護を行うとともに，本人および介護者に対して介護に関する指導を行う。

介護支援専門員（CM；Care Manager）：要介護者または要支援者からの相談に応じ，その心身の状況等に応じ適切な居宅サービスや日常生活支援総合事業などを利用できるよう市町村，事業者等との連絡調整等を行う。

心理職の専門性とは何かということを自覚した上で，他の職種の専門性を十分理解し，協働をしていくことが求められてきている。福祉領域で心理職と協働することの多い他の職種について表V-2-1に提示する。

●他機関連携

　これまで，支援が途切れてしまったり，関わる機関同士で支援の方針が共有されなかったりしたことで，その後の困難さにつながった事例が数多く報告されており，機関同士でどう連携をしていけるかは大きな課題となってくる。それぞれの機関に課せられている役割や，専門性，立場は異なり，相手の機関で何ができて何ができないのかを十分理解をしていなければ真の連携は難しい。緩やかなつながりをもち，顔のみえる連携ができてはじめて，相手の機関を信用して，支援の対象者を次の支援につなげることが可能となる。地域の利用できる資源を知り，適切な機関に必要に応じてつなぐとともに，綿密な連携をとっていくことが重要となっていく。

　一方，機関同士での連携で難しいのが情報の共有である。専門職には守秘義務が課せられており，業務上知りえた対象者および関係者の個人情報および相談内容については，その内容が自他に危害を加える恐れがある場合又は法による定めがある場合を除き，守秘を第一とすることと定められており，原則として支援の対象者の同意なしで他者に開示してはならない（表V-2-2）。しかし，対象者にとって必要と判断される場合は，なぜ相手機関に情報を伝えるのかその目的と，どんな内容を伝えるのかという条件を話し合い，合意を得られるように努力をしなくてはならない。また自分の情報は，その人自身のものであり，相手機関に提供される情報の内容について開示しても問題ないような形をとる必要がある。支援をつなぐ目的は，対象者にとって，よりよい環境を整えるためであるということを十分共有した上で，次の支援につなぎたいものである。

　他機関と状況を共有しておくことが，よりよい支援につながると判断された場合，関係機関がどういった支援の役割をとることが望ましいのか連携を取り，柔軟な対応を機関同士で行っていくことが必要な場合があるだろう。福祉領域では，その人全体を多角的に理解し，その人を取り巻く資源を把握し，必要に応じて必要な支援をその人にとって適切な機関で行えるように調整していく力も必要とされる。

表V-2-2　秘密保持の例外状況（金沢，2006をもとに筆者作成）

1	明確で差し迫った生命の危険があり，攻撃される相手が特定されている場合
2	自殺等，自分自身に対して，深刻な危害を加えるおそれのある緊急事態
3	虐待が伺われる場合
4	そのクライエントのケア等に直接かかわっている専門家同士で話し合う場合（相談室内のケースカンファレンス）
5	法による定めがある場合
6	医療保険による支払いが行われる場合
7	クライエントが，自分自身の精神状態や心理的な問題に関連する訴えを裁判等によって提起した場合
8	クライエントによる明示的な意思表示がある場合

●よりよい支援を届けるために──要支援者との連携

　福祉領域での目標は，その人が本人らしく生活をしていけるように支えていくことである。支援側からみればよかれと思う支援であっても，本人にとっては望まないこともあるだろう。対象となる人の基本的人権を守り，自己決定権を重視し，その福祉の増進を目的として活動していくことが何よりも重要になってくる。特に，他の人は支援を利用しなくてもやれているようにみえていることに対して，第三者から支援をしますと言われることは，自分が十分やれていないと評価されているのではないかという思いを刺激され，傷つきを強めてしまうことも少なくない。私たちが支援をする場合，意識するかしないにかかわらず，「支援をする−支援をうける」「指導をする−指導される」といった関係が存在している。特に，支援者は専門家の立場であることは，自明のことであり，相手は，○○の立場の△△さんとして出会うことになる。当事者や家族と私たち支援者の間には，視点や立場の違いがあることを十分意識し，何を目的として何を支援していくのか十分な説明をもとに合意をとって支援を行っていくことが必要である。

　また，福祉領域で出会う人たちは，自分たちが想像しないような人生や環境に置かれている人たちもいる。その中で，自分の中の価値観が揺さぶられたり，相手に対して怒りやネガティブな気持ちが沸き起こってくることもあるかもしれない。人は，自分がわからないことに対して不安を感じやすく，理解できないことを無意識に排除したり，否定したりしたい気持ちが働く。そのため，相手に対して怒りを感じたり，支援が必要な人として，自分を相手よりも上の立場として位置づけることで，自分を脅かされないようにする心性が起こってくる。しかし，相手がどういう状況であったとしても，どういう背景をもっていたとしても，相手に対する尊厳と尊重を忘れないということが何よりも大事なこととなってくる。福祉領域で出会う人たちは，多くの場合，うまくいかない体験を積み重ね，ひととの関わりの中で傷つきを抱えている人が少なくない。だからこそまずは真摯に向き合い，その人の生きてきた文化や歴史を尊重し，相手に尊厳をもって対応することを忘れないでいたい。また，年齢の小さい子どもや高齢者であったとしても，自分のことを自分で主体的に選択をできるように支援をしていくということは大切にしておきたいことである。誰かに決められたのではなく，自分が納得して選択をすることは，その後，その人が自立的に生きていくことにつながっていく。本人がどう感じ，どうしたいのかを知ること，本人を支える家族の思いにもアンテナを張った上で，支援者同士でその共有をしていくことは，本人と家族を中心とした支援の輪を支えるものとなっていくのではないだろうか。

引用文献

一般財団法人日本心理研修センター（監修）（2018）．公認心理師現任者講習会テキスト 2019 年版　金剛出版

金沢吉展（2006）．臨床心理学の倫理を学ぶ　東京大学出版会

厚生労働省（2017）．子育て世代包括支援センター業務ガイドライン〈https://www.mhlw.go.jp/file/06-Seisakujouhou-11900000-Koyoukintoujidoukateikyoku/kosodatesedaigaidorain.pdf〉（2020 年 2 月 28 日確認）

WHO（2010）. Framework for action on interprofessional education and collaborative practice.〈http://www.who.int/hrh/resources/framework_action/en/〉（2021 年 4 月 30 日確認）

事項索引

あ

ICF　30
ICIDH　30
愛着　24
　　——形成　65, 66, 68, 85
　　——障害　77
アウトリーチ　11, 37, 45, 49, 105, 115, 142
　　——型の支援　23, 123
アセスメント　9, 10, 18, 20, 23, 26, 37, 38, 43, 44, 49, 54, 61, 66, 69, 72, 86, 92, 98, 101, 114, 132, 136, 142, 145
　　——ツール　92
新しい社会的養育ビジョン　27, 65, 71
アドボカシー　141
育成相談　101
インクルーシブ保育　60
インクルージョン　5, 92, 93
インターベンション　46
インテグレーション　5
ウェルビーイング　5
ADL　62
SST　72, 79

か

介護　39
介護保険　131
　　——制度　44
　　——法　40
外傷　98
　　——性悲嘆　120
環境療法　26
　総合——　77
虐待　21, 54, 71, 74, 78, 79
逆統合保育　60
急性ストレス障害　120
グループ回想法　43
経済的虐待　40
ケースワーク　115
ゲートキーパー　47
公的介護保険制度　39
合理的配慮　13, 37, 85
高齢者　39
　　——虐待防止法　13, 40
　　——福祉　4
子育て世代包括支援センター　17, 19, 53
子育て支援　17, 53
コンサルテーション　11, 49, 54, 61-63, 72, 73, 75, 79, 86, 101

さ

自殺総合対策大綱　46
自殺総合対策大綱（旧大綱）　45
自殺対策基本法　12, 45, 125, 106
自死遺族　125
　　——支援　125
　　——へのケア　128
自助グループ　122, 128
施設ケア　78
児童家庭相談　106
児童虐待　12, 22, 100, 106
　　——防止法　13, 21, 23
児童心理司　99, 101
児童心理治療施設　33, 77
児童相談所　12, 23, 24, 26, 99, 106
児童デイサービス　89
児童の権利に関する条約　5, 12
児童発達支援　33, 83
　　——事業　83
　　——センター　37, 83
児童福祉　4, 12
　　——施設　24, 26, 59, 100
　　——法　12, 30, 32, 71, 89, 90, 105, 106
児童養護施設　24, 26, 71, 78
社会福祉　4, 6, 45
就労移行支援　95
就労支援　37
障害　29
障害者
　　——基本法　13, 33, 85
　　——虐待防止法　34
　　——雇用促進法　35
　　——差別解消法　13, 35, 85
　　——総合支援法　13, 32, 34
　　——の権利に関する条約　5, 32
　　——福祉　5, 13
障害相談　101
情緒障害児短期治療施設　77
新オレンジプラン　40
身体障害　31
身体的虐待　21, 40, 67
心理的虐待　15, 21, 40
スーパーヴィジョン　11, 72, 143
スーパーバイザー　61-63
スクリーニング　18, 20
　　——検査　20
健やか親子21　23
スティグマ　114, 128, 129

た

ストレスチェック　134
生活困窮者　47
　　——支援　47, 49
　　——自立支援制度　48
　　——自立支援法　114
生活場面面接　72
精神障害　31
性的虐待　21, 40
セカンドステップ　26
セルフケア　143
セルフネグレクト　42, 43
セルフヘルプ　47
早期療育　84
喪失　120
相談支援　85
　　——事業　85

た

多職種連携　146
地域支援　86
地域包括ケア　40
チーム　78
　　——・アプローチ　99
知的障害　31
DSM-5　24, 31, 66, 91, 120, 131
DV　23, 54, 119
DV防止法　13
統合保育　60, 87
閉じこもり　41-43
トラウマ（心的外傷）　24, 72, 120, 121, 125
　　——治療　79

な

二次受傷　123, 143
二次障害　36
乳児院　65
乳幼児健康診査（健診）　36, 53, 84
乳幼児の健診システム　20
妊娠期からの切れ目のない支援　17
認知症　13, 131, 132
ネグレクト　21, 40, 67, 68
ネットワーク　102, 106
ノーマライゼーション　5

は

発達支援センター　85
発達障害　32, 35, 66, 78, 79
発達障害者支援センター　35, 95

発達障害者支援法　35, 95
犯罪被害　119
　　――者　119, 121
PTSD（心的外傷後ストレス障害）
　　24, 120, 121, 125
BPSD　132, 134
被害者支援　119
非行相談　100
悲嘆　120
貧困　113, 114
　　――対策　114
　　――率　47
複雑性悲嘆　120
福祉　3
　　――事務所　105
　　――心理学　5
　　――的就労　37
プリベンション　46

フレイル　43
分離保育　60
ペアレント・トレーニング　92,
　　93
ペアレント・プログラム　92, 93
保育　59, 85
保育園・幼稚園・認定こども園
　　59
保育所等訪問支援事業　85
放課後等デイサービス　36, 86, 89-
　　92
包括的（な）アセスメント　10,
　　23
母子福祉　12
ポストベンション　46

ま

マルトリートメント　25, 114

メディアスクラム　120
面前 DV　22
メンタルヘルス・ファーストエイド
　　47

や

養護相談　100
要保護児童対策地域協議会　106

ら

ライフステージ　9, 12, 93
ライフストーリーワーク　26
リスクアセスメント　23
リスクマネージメント　47
療育　37, 83, 85
レジリエンス　122

人名索引

A
阿部　彩　113
安部計彦　106, 109
網野武博　5
青木紀久代　73

B
バンク・ミケルセン（Bank-
　　Mikkelsen, N. E.）　5
バイスティック（Biestek, F. P.）
　　7
ボウルビィ（Bowlby. J.）　68

D
ドロター（Drotar, D.）　36

E
遠藤利彦　69
エリクソン（Erikson, E. H.）　42

F
藤原映久　73
藤井康弘　143

H
ハーマン（Herman, J. L.）　121
日詰正文　142
ホロヴィッツ（Horowitz, M. J.）
　　120

I
井出智博　65
繭牟田洋美　43
井潤知美　25

J
ヤコブス（Jacobs, S.）　120
Jorm, A. F.　47

K
蒲谷槙介　69
蔭山英順　63
神谷真巳　87
金子一史　54
柏女霊峰　107
川野健治　126
岸恵美子　43
Kitchener, B. A.　47
Kitwood, T.　44
光真坊浩史　30
黒川由紀子　131

M
前田真比子　122
Mallidou, A. A.　133
増沢　高　73
マクアダムス（McAdams, D. P.）
　　44
宮原英種　6
宮原和子　6
宮田広善　33

森田展彰　73
村上　隆　91

N
長井　進　121
中島聡美　119
中村恵子　97
永田雅子　19
中谷敬明　122
ニィリェ（Nirje, B）　5
西脇喜恵子　121, 122
西澤　哲　71, 72

O
小川　浩　37
扇澤史子　131
岡村逸郎　123
奥山滋樹　123
大迫秀樹　4, 6, 7
太田美里　122
小山悠里　69

R
六角僚子　131

S
榊原　文　73
佐野さやか　19
柴田一匡　26, 72
新村　出　3
篠崎智範　73

白石雅一　　37
Sparrow, S. S.　　91
杉山信作　　77
杉山登志郎　　72
鈴木豊茂　　26

T
高田紗英子　　26
高田　治　　80
高橋慶多　　26
高橋幸市　　37, 38, 141, 142
髙橋　脩　　83, 87

高橋祥友　　125
田中康雄　　78
徳山美和代　　73
友田明美　　25
坪井裕子　　23, 25, 26, 71, 72, 121, 122
辻井正次　　91, 92

U
海野千畝子　　72
内海新祐　　78

W
若子理恵　　83
ヴォルフェンスベルガー
　　（Worlfensberger, W.）　　5

Y
山口智子　　42, 43, 44
山本さやこ　　43
山野良一　　113
米田弘枝　　143
吉田弘道　　54
湯澤正通　　97

【著者一覧】（五十音順，＊編者）

井戸智子（いど　ともこ）
名古屋大学心の発達実践研究センター招聘教員
国家資格キャリアカウンセラー・産業カウンセラー
担当：第Ⅲ部第8章

川合明日香（かわい　あすか）
岐阜大学医学部附属病院小児科臨床心理士
臨床心理士・公認心理師
担当：第Ⅲ部第1章

工藤晋平（くどう　しんぺい）
名古屋大学学生支援本部准教授
臨床心理士・公認心理師
担当：第Ⅲ部第8章

駒井恵里子（こまい　えりこ）
豊田市こども発達センター臨床心理士
臨床心理士・公認心理師
担当：第Ⅲ部第6章

柴田一匡（しばた　かずまさ）
人間環境大学人間環境学部非常勤講師
臨床心理士・公認心理師
担当：第Ⅲ部第4章

杉岡正典（すぎおか　まさのり）
名古屋大学心の発達支援研究実践センター准教授
臨床心理士・公認心理師
担当：第Ⅳ部第3章

鈴木隆文（すずき　たかふみ）
くすのき学園臨床心理士
臨床心理士・公認心理師
担当：第Ⅲ部第5章

鈴木亮子（すずき　りょうこ）
椙山女学園大学人間関係学部准教授
臨床心理士・公認心理師
担当：第Ⅳ部第4章

檀浦智子（だんうら　ともこ）
日本聴能言語福祉学院非常勤講師
臨床心理士・公認心理師
担当：第Ⅲ部第9章

坪井裕子（つぼい　ひろこ）
名古屋市立大学大学院人間文化研究科教授
臨床心理士・公認心理師
担当：第Ⅱ部第2章，第Ⅳ部第2章

中島卓裕（なかじま　たかひろ）
中京大学現代社会学部協力研究員
臨床心理士・公認心理師
担当：第Ⅲ部第7章

永田雅子（ながた　まさこ）＊
名古屋大学心の発達支援研究実践センター教授
臨床心理士・公認心理師
担当：第Ⅰ部第2章，第Ⅱ部第1章，第Ⅲ部3章，
第Ⅴ部第2章

西出弓枝（にしで　ゆみえ）
椙山女学園大学人間関係学部教授
臨床心理士・公認心理師
担当：第Ⅲ部第2章

野村あすか（のむら　あすか）＊
名古屋大学心の発達支援研究実践センター准教授
臨床心理士・公認心理師
担当：第Ⅰ部第1章，第Ⅱ部第3章，第Ⅴ部第1章

早川　武（はやかわ　たける）
天竜病院臨床心理士
臨床心理士・公認心理師
担当：第Ⅲ部第3章

堀美和子（ほり　みわこ）
日本福祉大学教育・心理学部准教授
臨床心理士・公認心理師
担当：第Ⅱ部第5章

峰野　崇（みねの　たかし）
豊橋市こども若者総合相談支援センター
臨床心理士・公認心理師
担当：第Ⅲ部第 10 章

山口智子（やまぐち　さとこ）
日本福祉大学教育・心理学部教授
臨床心理士・公認心理師
担当：第Ⅱ部第 4 章

吉住隆弘（よしずみ　たかひろ）
中京大学心理学部教授
臨床心理士・公認心理師
担当：第Ⅳ部第 1 章

［監修者］
森田美弥子（もりた　みやこ）
中部大学人文学部教授・名古屋大学名誉教授
臨床心理士・公認心理師

松本真理子（まつもと　まりこ）
名古屋大学心の発達支援研究実践センター教授
臨床心理士・公認心理師

金井篤子（かない　あつこ）
名古屋大学大学院教育発達科学研究科教授
臨床心理士

心の専門家養成講座　第9巻
福祉心理臨床実践
「つながり」の中で「くらし」「いのち」を支える

2021年6月30日　初版第1刷発行　（定価はカヴァーに表示してあります）

監修者　森田美弥子
　　　　松本真理子
　　　　金井篤子
編　者　永田雅子
　　　　野村あすか
発行者　中西　良
発行所　株式会社ナカニシヤ出版
　〒606-8161　京都市左京区一乗寺木ノ本町15番地
　　　　　　　Telephone　075-723-0111
　　　　　　　Facsimile　075-723-0095
　　　Website　http://www.nakanishiya.co.jp/
　　　E-mail　iihon-ippai@nakanishiya.co.jp
　　　　　　　郵便振替　01030-0-13128

装丁＝白沢　正／印刷・製本＝創栄図書印刷
Copyright © 2021 by M. Nagata, & A. Nomura
Printed in Japan.
ISBN978-4-7795-1486-9　C3011

心の専門家養成講座

監修　森田美弥子・松本真理子・金井篤子

第 1 巻　臨床心理学実践の基礎 その1
　　　　―基本的姿勢からインテーク面接まで―
　　　　　森田美弥子・金子一史 編　　　　　　　　　2,500 円

第 2 巻　臨床心理学実践の基礎 その2
　　　　―心理面接の基礎から臨床実践まで ―
　　　　　金井篤子・永田雅子 編　　　　　　　　　　2,800 円

第 3 巻　心理アセスメント
　　　　―心理検査のミニマム・エッセンス ―
　　　　　松本真理子・森田美弥子 編　　　　　　　　3,500 円

第 5 巻　心理臨床実践のための心理学
　　　　　金井篤子 編　　　　　　　　　　　　　　　2,600 円

第 6 巻　医療心理臨床実践
　　　　―「こころ」と「からだ」「いのち」を支える ―
　　　　　森田美弥子・金子一史 編　　　　　　　　　3,000 円

第 7 巻　学校心理臨床実践
　　　　　窪田由紀・平石賢二 編　　　　　　　　　　3,000 円

第 8 巻　産業心理臨床実践
　　　　―個（人）と職場・組織を支援する ―
　　　　　金井篤子 編　　　　　　　　　　　　　　　3,100 円

第 9 巻　福祉心理臨床実践
　　　　―「つながり」の中で「くらし」「いのち」を支える ―
　　　　　永田雅子・野村あすか 編　　　　　　　　　3,000 円

■ 以下続刊――
第 4 巻　心理支援の理論と方法
第 10 巻　司法心理臨床実践
第 11 巻　危機への心理的支援

B5 判並製。表示は本体価格です。